2006年至今，中国社会责任在各方力量的推进下，走过了十年蓬勃发展的历程。近年来，中国社会责任的发展正呈现三个“新”。

首先是新的环境。党中央、国务院对社会责任的履行日益重视，十八届四中全会明确提出“加强社会责任立法”，推进社会责任法制化；十八届五中全会创造性地提出了“创新、协调、绿色、共享、开放”的五大发展理念，为社会责任履行提供了更明晰的方向。联合国可持续发展目标（SDGs）、中国社会责任国家标准（GB/T36000）、香港联交所《环境、社会及管治(ESG)报告指引》、中国社科院企业社会责任研究中心《社会责任报告编写指南4.0》的相继颁布与实施，进一步推动社会责任的规范化。因此，我们正在一个新的国际国内环境中推进社会责任运动。

其次是新的力量。“十三五”是全面建成小康社会的关键时期，政府、企业、行业协会、社会组织、媒体等各界力量群策群力，为走出一条经济繁荣、社会进步、环境优美的可持续发展之路贡献力量。社会责任已经成为全社会应当共同担当的责任，激励着新的力量不断加入，新的推进机制持续产生。在此进程中，中国社会责任领域的先行者经过较长时间的酝酿，协调调动各方资源，正式启动中国社会责任百人论坛，搭建了社会责任事业新的机制和平台。本系列出版物的出版发行又为这个平台汇聚责任思想、分享责任成果提供了新的载体。

最后是新的未来。社会责任运动在中国进展迅速、成果丰硕。展望未来，我们仍面临着很多社会环境问题，社会责任任重而道远。习主席在2017新年致辞中，突出了社会的公平和正义。今后，此类问题将在整个经济社会发展过程中，处于越发重要的地位。要实现社会公平正义，必然要求企业履行好社会责任。中国企业履行好社会责任，也必将贡献于全球可持续发展的实现。所以，企业社会责任又获得了新的动力和方向。

作为中国社会责任百人论坛发起人、本出版物的主编，我呼吁社会各界积极参与中国社会责任推进事业。百人论道，万众聚力，共同推动中国社会责任达到新高度、实现新跨越、迈向新台阶！

主编 钟宏武

# 目录

2017.1 总第1辑

## 百人论道

### 责任思想

### 责任前沿

## 万众聚力

### 责任实践

### 责任管理

# 目录



## 责任沟通



## 责任动态



## 责任聚焦

## 关于我们




图书在版编目（CIP）数据

中国社会责任百人论坛 第1辑/

钟宏武主编

——北京：经济管理出版社,2017.3

ISBN 978-7-5096-5028-8

Ⅰ.①中… Ⅱ.①钟… Ⅲ.①企业责任-社会责任-中国

Ⅳ.①F279.2

中国版本图书馆CIP数据核字（2017）

第047518号





外联部：王娅郦

电　话：133 6600 5048

邮　件：wangyl@zerenyun.com

地　址：北京市东城区建国门内大街18号

恒基大厦2号办公楼518室



主　办：中国社会责任百人论坛秘书处

出　版：经济管理出版社

（北京市海淀区北蜂窝8号，中雅大厦A座11层　100038）

发　行：北京百人论坛文化传播有限公司

印　刷：北京永诚日盛印刷技术有限公司

经　销：新华书店

开　本：880*1230/16

印　张：5.875

字　数：110千字

版　次：2017年3月第1版　2017年3月第一次印刷

书　号：ISBN 978-7-5096-5028-8

定　价：58.00元

# 责任创造新商机

■ 王小康
中国社会责任百人论坛发起人　　全国政协委员
中国工业节能与清洁生产协会会长　中国节能环保集团公司原董事长

2016年是“十三五”开局之年，“十三五”时期是我国实现“两个一百年”奋斗目标、全面建成小康社会的关键时期，也是生态文明建设的关键推进期。在中国经济发展的新常态下，党中央提出“创新、协调、绿色、开放、共享”的新发展理念。绿色发展，注重的就是解决人与自然的和谐问题。当前，PM2.5的数值时时牵动着人们的目光。从盼温饱到盼环保、从求生存到求生态，越来越呼唤着每个人应该为自己和子孙后代负责任地生活，企业也应该彰显出自身的责任担当。“两个一百年”奋斗目标，现阶段经济社会发展面临的严峻挑战，更凸显了企业社会责任的极端重要性。

在这样的新形势和新要求下，企业社会责任如何以新理念找准新定位，解决新问题，实现新发展，已经成为我国每一家企业所面临的时代课题。

我们对社会责任的理解，已经从一个初级阶段的粗浅、朴素的认识，走上了一个更高级的阶段，就是要探索社会责任在企业发展中的位置、内涵和地位。企业社会责任也不再局限于“好人好事”式的活动列举和为了履行社会责任而开展的“面子工程”，而应该是在企业成长过程中，发挥企业核心优势，通过业务开拓、技术创新、管理体系优化、商业模式创新等方式解决相关的社会问题，也为企业创造新的商机，实现企业自身发展。只有这样，企业才能够实现经济效益与社会效益的有机结合，才是可持续的企业社会责任行为模式。

节能环保产业本身具有非常大的投资空间和发展空间，能够促进有效供给，具有稳增长、调结构、惠民生、善环境的综合效益。中国节能环保集团公司是唯一一家以节能减排、环境保护为主业的中央企业，是比较早地关注、研究和推动企业社会责任的中央企业。长期以来，中国节能以“共和国长子”情怀和“共和国孝子”境界，在履行与生俱来的节能环保责任的同时，也创造性地提出了“六大责任”，即：注重创新的经济发展责任、遵纪守法的诚信经营责任、本质安全的生命健康责任、渠道畅通的交流合作责任、以人为本的员工发展责任和大爱无疆的回馈社会责任。在多年的社会责任实践中，中国节能立足于节能环保主业的业务优势，同时着眼于环境污染、能源危机等社会问题，通过科技创新、管理提升、商业模式打造等路径，使企业履行社会责任与自身发展相得益彰。我简要地介绍中国节能在社会责任方面所做的努力和取得的成效。

第一，以“共和国长子”情怀提升经济效益，打造“出资人放心的企业”。中国节能致力于做强做优做大节能环保主业，以“聚合点滴　创生无限”为核心理念，不断创新商业模式，快速形成了节能、环保、清洁能源、资源循环利用和节能环保综合服务5大产业、近20个子产业的“4+1”主业格局，在工业节能、建筑节能、固废处理、烟气处理与重金属污染治理、土壤修复、水处理、光伏发电、风力发电、节能环保新材料等领域的规模与实力均居于领先地位，这也决定了我们的业务与社会责任的天然相关性。

第二，以“共和国孝子”境界扩大社会效益，打造“社会赞誉的企业”。中国节能持续用社会主义核心价值观引领企业文化建设，打造中国节能精神家园。坚守健康安全发展底线，致力于营造向善向上、阳光健康的工作氛围，建立了较为完备的精神家园理念体系；不断强化安全生产，健全职工组织和员工管理制度，促进员工与公司共同成长；坚守诚信守法经营底线和思想道德底线，办利益相关方信任、社会赞誉的企业，逐步形成诚信、友善、阳光、健康、公平、公正的文化，结合实际创新形式和内容，不断加强精神文明建设和志愿服务。

第三，强化责任管理，树立“责任央企”良好形象。中国节能以“让天更蓝、地更绿、水更清，地球和人类生活更美好”为愿景，加强组织领导，确立责任理念。在集团层面由社会责任工作推进办公室牵头，强化社会责任治理机制建设，明确职责，落实各级各单位的责任，全面完

> **“企业社会责任……应该是在企业成长过程中，发挥企业核心优势，通过业务开拓、技术创新、管理体系优化、商业模式创新等方式解决相关的社会问题，也为企业创造新的商机，实现企业自身发展。只有这样，企业才能够实现经济效益与社会效益的有机结合，才是可持续的企业社会责任行为模式。”**

善社会责任管理体系，形成了独有的社会责任“一体两翼”“蝴蝶”模型，将社会责任工作融入发展战略、融入日常经营管理、融入供应链管理、融入国际化经营。在各方努力下，《中国节能环保集团公司社会责任报告》连续两年被中国企业社会责任报告评级专家委员会评为“五星级”报告，这也成为中国节能社会责任发展的新起点，为今后继续总结提高、推进社会责任工作打下了坚实基础。

回首往昔，中国社会责任发展成效令人瞩目；展望未来，责任之路依然任重而道远。互联网迅猛发展、商业模式不断变换，给社会责任提出了新的挑战，这便需要各方携手、形成合力。中国社会责任百人论坛是由政府领导、专家学者、企业家联合发起的中国社会责任发展的高端平台。希望这个论坛通过持续举办重点热点问题研讨会、重要成果发布会等，实现汇聚责任思想、共享责任成果、提升履责绩效的论坛宗旨，为政府推进社会责任发展建言献策，为企业履行社会责任指明方向，助力中国走出一条经济繁荣、社会进步、环境优美的可持续发展之路，携手共筑“中国梦”。

# 社会责任要深化、细化、有效化和普及化

■ 刘兆彬
中国社会责任百人论坛发起人　中国质量万里行促进会会长

企业社会责任是一个非常好的话题，也是一个非常好的实践，但是企业社会责任进入到中国时间还不长，当前我们所开展的企业社会责任活动，在总体上还处在一个发展的初级阶段。2005年我国发布的企业社会责任报告不过几十份，到了2009年，社会上发布的企业社会责任报告不足六百份。中国社科院发布的社会责任报告白皮书数据显示：2016年在我国发布的各类社会责任报告1710份。这说明中国大多数的企业、社会组织还没有加入到或者关注到这样一个议题。当然，没有发布责任报告不等于企业没有履行社会责任。

在国际上推进企业社会责任已有60多年的历史了。如果从1953年、1967年两本书算起，到ISO26000国际社会责任指南的发布，再到现在已经经历了很长时间。可是在社会上，对企业社会责任的普及程度还不是很高。我也参加过一些社会责任论坛，看到有不少的企业仍然是把企业的社会责任等同于做慈善、做营销、做形象，没有从根本上理解：到底什么是企业社会责任、企业社会责任应当包含的法律责任是什么、经济责任是什么、环境责任是什么？它是分内的事，还是分外的事？它是应尽的责任，还是额外的负担？它是写得很漂亮的报告，然后就放在抽屉里，还是我们的企业应尽的义务和有效的实际行动？这是我第一个看法：企业社会责任在我们国家还处在一个初级化的阶段。

如果企业、各类组织都认真履行社会责任，那天就蓝了，水也就绿了。希望通过社会各界的呼吁、研究、评价、推动、宣传和鼓励，能够真正地让企业社会责任扎根于企业的经营管理和发展战略，尤其是要凝聚在可持续发展这个全人类共同的话题上。

为此，我提出一个观点：中国企业社会责任在未来要进一步地深化、细化、有效化和普及化。为了达到这“四化”，提两个建议：第一，研究机构、企业在中国的语境下无论按照哪一个标准推动社会责任，都应当在方法论上突出责任的重点。企业社会责任用的是系统论的方法、整

> **中国企业社会责任在未来要进一步地深化、细化、有效化和普及化。为了达到这“四化”，有两个建议：第一，研究机构、企业在中国的语境下无论按照哪一个标准推动社会责任，都应当在方法论上突出责任的重点……第二，要建构承责的有效机制。企业只写报告、只做宣传远远不够，必须有落实责任的社会机制。**

体论的方法、全面的方法，形式看起来很美，七个方面、十个责任、八个原则都很多。但是中国企业当下最突出、最重要的责任应当强调两条：一是消费者的安全和健康，尤其是食品安全和消费品的安全。企业最重要的责任是要对消费者负责。食品安全强调了多年，法律一再修订，直到今天虽然食品安全形势总体向好，但是现实情况依然严峻。二是要突出对环境、资源的责任，这是当下最重要的一个责任。

第二，要建构承责的有效机制。企业只写报告、只做宣传远远不够，必须有落实责任的社会机制。承责机制由以下三个方面构成：

- 问责。既然企业要承责就要有人来问，谁来问？是政府还是法院，是社会还是媒体，是股东、员工、其他利益相关方，还是每个要呼吸好空气的老百姓问？这些都要落实到实处。没有问责，责任的承担就落空了。

- 要进一步增加透明度，做到公开透明。由研究机构、媒体来研究、曝光、披露企业的数据，建立有效的舆论监督机制。

- 建立企业社会责任的约束机制和奖励、激励机制。对于较好履行社会责任的企业应当减税、减费，同时在政府采购、招投标等方面给予鼓励。约束机制即社会责任履行较差的企业要批评问责。

总之，只有通过明确社会责任的重点内容，建立健全有效机制，才能切实推动企业社会责任的良性发展。

# 构建责任共同体 打造责任生态圈

郭秀明
中国社会责任百人论坛发起人 工业和信息化部政策法规司副巡视员

工业和信息化部一直以来高度重视企业社会责任建设。近年来，立足制造强国、网络强国战略全局，全面实施“中国制造2025”，着力于创新驱动、绿色制造、质量品牌、安全生产、责任管理等重点领域和薄弱环节，初步探索形成了“试点带动、上下联动、政府及社会组织合力推动，促进企业自觉主动”的工作机制。

盘点2016年，工业和信息化领域企业社会责任建设迈上新台阶，取得新进展。SJ/T16000《中国电子信息行业社会责任指南》发布，这是工信部批准的第一个社会责任行业标准，一批企业参与了试点示范；《中国信息通信行业企业社会责任管理体系》发布，信息通信设备循环利用交易平台上线启动；河北省发布了《促进企业履行社会责任的指导意见》。企业履行社会责任的政策环境更好、方向路线更清。

众所周知，中国是制造业大国，也是互联网大国。中国制造业产出已经是全球第一，占全球比重达到20%左右，在一些领域已经达到世界先进水平。中国互联网发展已经形成规模优势和应用优势，网络用户数居全球首位。中国工业化、信息化发展成果丰硕。然而在可持续发展上仍面临巨大挑战，还存在不少短板和问题，供给侧结构性改革任务艰巨。所以，企业社会责任，首先要以破解制约我国可持续发展的关键瓶颈问题为着力点，充分发挥创新对可持续发展的支撑引领作用，在不断解决经济社会发展问题中实现企业转型升级发展。

2016年以来大家谈论最多的话题是雾霾，微信朋友圈里看到的也是雾霾。我也在雾霾天思考企业社会责任问题，我认为，企业社会责任不仅是企业的责任，也应该是利益相关方组成的“责任共同体”的责任。比如，表面上看，严重雾霾是企业不负责生产排放出来的，但是不是还有投资者、消费者和监管者的责任？试想一下，如果有负责任投资、负责任消费和监管到位，那么是否企业负责任生产的压力就会大些、动力就会足些呢？企业社会责任建设，如果从责任投资、责任生产、责任消费、责任供应链、责任管理、责任沟通等环节都把住关，如果政府政策精准发力，新闻媒体聚焦传播，履行社会责任的企业就不是孤军奋战，就不会由“先驱”变成“先烈”。

因此，企业社会责任需要全社会意识提升和共同努力，形成履责受激励、失责被惩戒的公平竞争市场环境，让履行社会责任的企业发展好、受尊敬，这样才能使可持续发展事业可持续发展。构建“责任共同体”大格局，打造“责任生态圈”大环境，是我们大家共同的责任。

# 央企履责 十年再出发

■ 王黎
国务院国资委综合局副巡视员

2016年，是“十三五”开局之年，岁末年初，盘点中国企业社会责任年度进展和重大事件，分享优秀企业在社会责任领域的创新做法和研究成果，很有意义。

根据国务院国资委职能调整，机构改革有关部署安排，综合局2016年年底承接了统筹指导中央企业社会责任的职责，在此我与大家就中央企业社会责任工作共同交流和探讨。国资委自成立以来，始终高度重视企业社会责任工作。在第一次“中央企业社会责任负责人会议”上，时任国资委主任李荣融就提出央企要做履行社会责任的表率。国资委2008年发布了《关于中央企业履行社会责任的指导意见》，2010年实施“中央企业‘十二五’和谐发展战略”，2012年成立了中央企业社会责任指导委员会，2015年开展了海外中央企业社会责任研究、社会责任立法研究等工作，2016年7月印发了推动国有企业社会责任的指导意见。持续推动过程中，中央企业不断牢固树立社会责任理念，建立健全社会责任工作机制和管理体系；持续发布社会责任报告，开展了丰富多彩的社会责任实践，提升了综合价值创造能力，取得了明显的成效：

**“十三五”期间，国务院国资委将继续推动中央企业履行社会责任，巩固和完善中央企业履行社会责任的制度安排，探索中央企业履行社会责任的模式和规律，着力强化中央企业履行社会责任的重点领域，确保完成与社会责任相关的重点任务，努力使中央企业履行社会责任的能力和水平不断提高。**

一是中央企业普遍设置了社会责任工作领导机构，明确了社会责任归口管理部门和相关职能部门工作职责，形成了持续开展工作的长效机制。

二是推动社会责任与日常运营和管理体系逐步融合，在发展战略和决策运营中落实社会责任，履责意愿和能力绩效明显提升。

三是积极发布社会责任国别报告和专题报告等，并通过建立社会责任示范基地、设立“社会责任周”和举办“公众开放日”等形式加强与利益相关方沟通，提高企业运营透明度和品牌形象。

四是建立社会责任培训机制，积极开展社会责任专题研究，广泛开展社会责任实践探索，积累了企业社会实践的宝贵经验。

当前，一方面，社会各界对企业，特别是大型国有企业、中央企业履行社会责任提出了更高的要求、更多的期望；另一方面，企业面临着经济发展新常态的挑战，社会发展新变化的挑战，以及改革开放新形势的挑战，给企业履行社会责任带来了新的考验，责任之路任重而道远。“十三五”期间，国资委将继续推动中央企业履行社会责任，巩固和完善中央企业履行社会责任的制度安排，探索中央企业履行社会责任的模式和规律，着力强化中央企业履行社会责任的重点领域，确保完成与社会责任相关的重点任务，努力使中央企业履行社会责任的能力和水平不断提高。

企业履行社会责任是一项开放、合作、共享、包容的事业，在此过程中我们继续借用外力外脑与社会各界广泛合作、共同研究、相互促进。在此前的工作中，中国社科院企业社会责任研究中心，作为中国企业社会责任研究的高水平专业机构，为我们提供了大量的理论和智力支持，建立了责任百人论坛等良好的机制，形成了共同学习、相互促进的良好氛围，取得了大量理论和实践成果。在下一步的工作中，国务院国资委也将继续开展相关合作，与社会责任各界分享中央企业履行社会责任的成效经验，让社会各界更多地了解中央企业、支持中央企业、宣传中央企业，共同探讨企业社会责任的未来发展方向，实现社会责任领域百花齐放的新局面。相信在广大的同仁的不懈努力与追求下，我国的社会责任事业必将迎来更大的辉煌。

# 履行好社会责任 做“一带一路”战略的合格践行者

欧晓理
中国社会责任百人论坛发起人 国家发改委西部司巡视员

我国正在大力推动“一带一路”战略的实施。“一带一路”战略是立足于欧亚大舞台、世界大棋局的一项宏大战略。这一战略从提出到现在已有三年，相对于战略的长期性，三年只是短短的一瞬间。但由于中国方面的努力以及国际社会的响应，三年里取得了很丰硕的成果。

中国政府已经完成了顶层设计，研究制定了“一带一路”建设的战略规划，对外发布了共建“一带一路”的愿景和行动，为“一带一路”建设绘制了宏伟的蓝图。与沿线许多国家以及一些国际组织达成了一系列共识，已经有100多个国家表达了支持和参与“一带一路”推进的意愿，已经与沿线30多个国家签署了40多份共建“一带一路”的协议和规划。在战略规划确定的五大战略方向上，一批重大项目在顺利地往前推进，这些项目包括基础设施的互联互通、国际产能合作、资源开发等。特别值得一提的是，2016年9月27日，联大71次会议做出一项决议，提出欢迎“一带一路”等经济合作倡议，呼吁国际社会为“一带一路”的推进提供安全保障。这表明，“一带一路”以其包容性和感召力得到了国际社会的广泛认同。正像有人所说，它已经由中国倡议、中国方案发展演化为一项国际行动。

如何推进“一带一路”？习主席提出这个倡议的同时提出了一个“五通”的概念，即政策沟通、设施联通、贸易畅通、资金融通和民心相通。后来我们在研究“一带一路”战略规划时，把这个“五通”具体化为沿线国家之间要加强八大领域的合作，即促进基础设施的互联互通、提升经贸合作的水平、大力拓展产业投资、深化能源资源合作、拓宽金融合作领域、加强生态环保合作、密切人文交流合作、积极推进海上合作。其中投资合作，也就是中国企业“走出去”是八大领域合作的重点。2015年习总书记在会见伊朗元首和柬埔寨元首时表示，要通过基础设施互联互通和投资合作带动其他各个领域合作的全面展开，这实际上指明了下一步“一带一路”建设的两大重点领域，即基础设施的互联互通和产业投资合作，也就是中国企业“走出去”。

随着“一带一路”战略的推进，将有越来越多的中国企业走出国门。海外的中国企业履行社会责任既是“一带一路”国家战略推进的需要，也是企业行稳致远的关键。中资企业在海外只有积极履责，才能走得更好、更远。

# 中资企业如何树立海外形象?

■ 毛一翔
国务院国资委新闻中心主任

2017年恰逢国务院国资委推行中央企业履责十年，在这新的一年，国资委新闻中心计划举办一些活动，盘点十年来中央企业履行社会责任以及社会责任传播方面的工作。

积极履行社会责任是国有企业与生俱来的重要使命，社会责任已经成为国有企业的DNA，对企业发展发挥着重要作用。而加强社会责任传播、营造良好发展环境是企业实现基业长青的客观要求。

近年来，扎实推进“一带一路”战略对企业社会责任传播带来新的挑战，我们要积极适应国际化传播的需求，促进共建、共赢、共享，做好海外社会责任传播。

对于“走出去”的中资企业的海外形象建设工作，有以下几个改进方向：

## 一、诚实合规经营，展现大国担当

我国向来是礼仪之邦，中资企业也应该做依法合规、诚信经营的表率。尊重所在国的宗教信仰、风俗习惯，通过优质产品和服务，塑造良好的企业形象，更展示中国文明大国、负责任大国形象。

## 二、制定公关战略，增强国际话语权

要有针对性地制定公共关系战略，关注和重视人类共同关心的一些话题，提升与当地政府、媒体、非政府组织以及利益相关方打交道的能力，突出跨国公司身份，强调市场主体定位，建立适应中资企业长远发展需要的国际话语权。

## 三、寻找文化共鸣，讲好中国企业故事

要改变重主体、轻主角的做法，以小人物来看大变化，更加注重人类共通的经验和思维，遵守共同的价值和情感，激起文化共振，激发人性共鸣。

## 四、坚持受众导向

在互联网、新媒体蓬勃发展的背景下，实现不同文化互通。不仅让受众听得见、听得清，更要听得懂、听得进，加强分众化传播。

研究机构是推动社会责任发展的重要力量，中国社科院企业社会责任研究中心多年来为推动企业社会责任在中国的发展做出了不懈努力，发布的《中资企业海外社会责任蓝皮书》显示，国有企业在履行海外社会责任方面总体来说处于领先地位，成绩不错，要继续发扬。

新一年，国资委新闻中心将继续与国内外社会责任传播的先进企业进行对标，查找薄弱环节，不断加以改进，使社会沟通能力和透明度显著提升，实现企业与社会环境全面协调可持续发展。国务院国资委新闻中心愿与各界携手，为中国企业在海内外更高水平的可持续发展做出贡献。

# 应对气候变化 展现企业担当

潘家华
中国社会责任百人论坛发起人　中国社会科学院城市发展与环境研究所所长
中国气候变化专家委员会委员

这些年来中国的宣传力图让世界认知的常常是“中国气派、中国风格、中国特色、中国道路”。但是，目前在国际社会上还缺少“中国的担当、中国的声音、中国的标准、中国的价值”。中国企业特别是有规模、有能力、有担当的企业已经走在了前沿，走向了世界，正在体现中国的责任担当，正在展现中国的价值。中国的企业在应对全球最为严峻，也最具挑战性的气候变化这样一个问题时，也最能够展现中国企业的责任和风采，以及中国企业的价值和标准。

2017年，我们将开展中国企业应对气候变化自主贡献研究，为什么要提出中国企业应对气候变化自主贡献？联合国从1990年到2015年，26年的谈判，最终达成了全球共同应对气候变化的《巴黎协定》，这一协定的机制，就是一种自下而上的国家自主贡献的报告。国家自主协定减排多少、出资多少，这项机制作为《巴黎协定》一个最朴素的特征，得到了各个国家的共同响应，使该协定在2016年正式生效。

为什么企业需要参与到这个进程中来？原因在于，第一，《巴黎协定》中的条款明确要求作为有主权的政府需要有一个自主贡献的承诺。《巴黎协定》考虑到政府的贡献虽然多但偏保守，所以特别强调要非国家主体和亚国家主体（亚国家主体就是地方政府，非国家主体就是企业、私营部门）参与其中。第二，《巴黎协定》的履行有一个盘点，盘点每五年举行一次，2018年就要进行一次预盘点，这个盘点将表明各个国家做得怎么样。各个地方、各个企业，必然需要被动地遵循国家自主贡献的具体规则和内容。但企业如果主动表现出一种责任担当，将贡献于国家，贡献于应对气候变化。对国家的贡献具体来说就是贡献于减排规划。中国还是一个发展中国家，所以要最快地减排，不是绝对量的减少，而是强度减少，规划明确2030年非化石能源占一次能源的比例会达到20%。尽管中国的排放量占全球总量的28%左右，但这28%相当于美国和欧盟28国的总量还要多。中国企业必须在减排中积极贡献自己的力量。

中国得到国际社会的赞誉，也在于节能、可再生能源以及风电、水电的发展，比如中国的太阳能热水器在世界上遥遥领先于其他国家。现在发电企业有一种超临界、近零排放、最先进的技术，这种最先进的实践也在中国，可见一些中国企业已经有了担当，因此国际上也应该有中国企业的声音。这也是为什么需要向国际社会展现中国企业的风采以及道义引领。

中国企业的道义引领，不仅仅是一种数据的客观展现。当前有些数据从某种程度上已经是一种企业自主的贡献或者是说承诺，比如中国的企业编写了大量的社会责任报告、可持续发展报告。我20世纪80年代在英国念书的时候，感觉到英

> **……应该把中国企业的形象、声音、标准向国际社会做一个展现。而且中国企业应对气候变化自主贡献，可以作为国家对外气候谈判以及国家应对气候变化战略总体的一部分，展现国家的责任，展现国家在应对气候变化的道义担当。**

国企业的责任担当，对它们很是敬佩。国内经过多年的努力，一些中国企业已经做得非常优秀，比国际上很多大企业做得更好。

优秀的中国企业除了展现客观数据，还应该把中国企业的形象、声音、标准向国际社会做一个展现。而且中国企业应对气候变化自主贡献，可以作为国家对外气候谈判以及国家应对气候变化战略总体的一部分，展现国家的责任，展现国家在应对气候变化的道义担当。希望能够在2017年年底，在气候变化的会议上将中国企业的风采和担当向国际社会加以推荐。

中国企业的这样一种担当，也是一种标准的引领，比如发电行业的热电、水电等，已经世界领先。但是有的行业，比如占世界钢铁产能一半的钢铁行业，在世界上虽有竞争力，但是经常被国际上调查，所以还不敢说中国钢铁在世界上处于领先地位，但实际上中国吨钢能耗低于发达国家。现在大家一提到雾霾就批评企业没有担当，企业没有道义，对很多企业来讲，事实并不是这样。那企业为什么不能通过一个渠道把事实摆出来，让公众了解？企业在环保方面做了哪些，而且做得很好，需要社会知晓。解决雾霾也是需要全社会共同努力，现在大家对雾霾的理解有一些偏差，都认为雾霾跟我个人没有关系，我只是受害者，但每个人都是雾霾的产生者，我们必须共同治理雾霾。

最后，希望通过中国企业应对气候变化自主贡献研究课题组的努力，让中国企业的国际责任担当得到体现、得到展示。

# 互联网创造中国社会责任新未来

魏紫川

新华网常务副总裁

在中国，社会责任越来越受到各界的重视，也有越来越多的企业、组织和个人积极履行社会责任。企业社会责任强调责任主体在创造利润、对股东承担责任的同时，还要承担对员工、消费者、社区和环境的责任。现如今，互联网技术和社交媒体的日益发达，不仅为社会责任实践提供了更多大众参与的机会和沟通方式，也为社会责任的发展和创新制造了加速器，让社会责任的应用范围和形势扩大到全行业、全社会，更高效、更绿色、更便捷地创造共享价值。

习总书记在“网络安全和信息化工作座谈会”上曾指出，网络空间是亿万民众共同的精神家园，建设好这个精神家园，互联网企业是重要的主体，既要讲发展，也要讲责任。掌握着前沿技术的互联网企业在推进社会责任发展中承担着更重要的任务，不仅要加强自律，传播社会正能量，也需要进一步加强与学术机构、政府的合作。通过互联网独有的社会属性，创新社会责任理论与实践的模式，促进中国企业社会责任的健康发展。

新华网是由国家通讯社、新华社主办的中央重点新闻网站，目前在全球七亿多个网站中综合排名80位左右，在全球媒体办的网站中处于领先。另外新华网还承建了中国政府网、中国文明网以及中央网信办网站等一大批国家级政务网站。2016年10月28日，新华网在上海A股主板挂牌上市。一直以来新华网积极履行社会责任，并编制发布了社会责任年度报告。从2009年至今，每年新华网都举行“中国网事·感动人物”评选。2007-2016年十年间，新华网与中国社科院合作，共举办了九届中国企业社会责任峰会，主动向公众传递可持续发展和创新责任理念。同时，新华网立足于国家媒体视角，切实发挥社会责任舆论引导作用，积极应用各种新媒体手段，跨平台开展社会责任领域的沟通合作，将互联网前沿技术与先进理念在社会责任的传播中充分应用。

新形势、新阶段对中国社会责任创新实践提出了更高、更新的要求。互联网企业要抓住战略转型和升级的机遇，以新技术为契机，通过开放性、包容性的可持续增长模式，驱动新一轮的经济增长，创造服务共享、多方共赢的新格局。面对新经济形势和社会发展的新阶段，中国社会责任发展之路任重而道远，希望在政府机制的引导和监督下，有更多的企业关注社会责任的建设，更多的社会群体参与社会共享，携手创造中国社会责任的新未来！

# 环保 节能 爱地球
# 用企业经营解决环境问题

■ 郑崇华
中国社会责任百人论坛发起人　台达集团创办人暨荣誉董事长

在经营产业的经验中，我常会思考一个问题：企业存在的价值是什么？企业需要赚钱才能发展，但更重要的是，企业要运用它本身的专长和能力为社会做贡献。近年来，企业履行社会责任已成为大家共同认知的“新常态”。我们应该认真思考如何把企业经营与实践、企业社会责任结合起来，打造一个有序的未来。

台达电子成立于1971年，创业初期经历了两次石油危机，1980年由于工业的快速发展，出现了能源短缺，最糟糕的状况是经常停电。当时我们就决定，以后要开发轻薄、短小、效率更高的开关电源来代替大家当时所使用的电源。为了提高士气，台达定下了环保、节能、爱惜地球生态环境和资源的企业使命。

在长期努力下，台达每年都在提升产品的效率，到2000年，企业的电源供应器的效率已经达到了90%以上，成为全球效率最高、规模最大的电源供应器龙头公司。近年来，随着产品效率的提升，我们也开发了许多节能产品，工厂投入了节能活动。过去五年中台达很积极地开展节能，意料之外的是，同样的单位产能所耗的电和五年前相比节省了50%，这超出了原来的设想。

为了提升电力电子技术，台达环境与教育基金会在2000年正式制定了“电力电子科教发展计划”，请到了李泽元教授（中国工程院院士），合作引进了国外技术，清华大学、浙江大学、南京航空航天大学、西安交大、华中科技大学、上海大学、哈尔滨工业大学、北京交大以及上海交通大学、合肥工业大学，陆续参与进来。截至2016年末，一共有10家重点大学师生从事电

力电子领域的技术开发。历年来，台达一共支持了237个科研专案，奖励了41个优秀科研项目，同时，向超过1000人次颁发了优秀研究生奖学金。通过评选，奖励了60多位学者到国内外进行深入研究。台达每年举办全国性的电力电子研讨会，累计举办了16次，对于促进学习交流，提升我国电力电子科技的发展，具有重要意义。

环保节能方面值得一提的另外一件事是绿色建筑物。建筑物差不多都具有30%-40%的减碳潜力，国内已经把发展绿色建筑上升到国家层面。《2014—2020年国家新型城镇化规划》中规定，截至2020年，中国城镇新建筑的绿色建筑占比要从2012年只占2%，提升到2020年的50%。提升建筑物的节能效率，除了建筑物和终端设备装置节能以外，还可以通过智能化、自动化的整合与应用来提升建筑物的管理效率，优化能源的使用，使整个建筑物既舒适又节能。

台达在2006年启用了第一座绿色建筑，十年间，工厂办公大楼、学校以及捐助给大专院校、中小学校的建筑，一共有23座是绿色建筑，其中大概一半台达在使用，另一半由学校使用。台达

用行动积极推广着建筑物节能的理念。

台达基金会从2006年开始，连续十年赞助中国可再生能源学会举办“台达杯国际太阳能建筑设计竞赛”，主要目的是鼓励各个学校建筑系的学生参与竞赛，为他们提供一个成为城镇绿色建筑的设计师和建筑师的平台。竞赛中诞生了许多获奖作品，台达将它们落实建造起来。例如在两次地震灾害后，我们捐建了四川的杨家镇台达阳光小学，吴江的中达低碳示范住宅，我们希望用企业的原动力来传播绿色建筑的理念，让更多的人能够有机会居住在更节能、更舒适、更健康的建筑中。

台达坚持从自身做起，然后推己及人。2015年，我们参加了巴黎气候大会，大会觉得绿色建筑很具有意义，邀请台达参展。之后，我们将参展内容在清华大学、台北的华山文创园区、国际能源变革论坛分会场展出，受到了社会各界的热烈响应。今后，我相信在政府的大力推动和产业界的积极参与下，绿色建筑一定能够更快地走进每个人的生活。

由于全球信息化的快速发展、数字信息技术的进步，网络教学慢慢在消除教育资源使用的不均衡。网络教学是一个开放、便于普及的学习方式，更多的学生可以有效利用时间，按照个人的学习情况，在网站上反复学习，启发了学生的学习兴趣与热忱，是一个很好的教育方法。台达基金会设立了Delta MOOCx，这是一个开放式公益网络学习平台，以高中、高职、大学的自动化课程为主，通过线上讲解，让老师和学生互动和提问。我们希望学生都有机会听到最优秀老师的讲解，这个网课在台湾已经提供了2282个教学影片，截至2016年底，教学影片的点阅次数突破了67万。

2017年的元旦佳节，习主席在新年贺辞中提到今后要加强扶贫，扶贫必须要扶智。教育是强国之本，习主席的讲话非常有创意、有远见。数字教学相对传统的教学是一种改革，在学生还没有上课之前，就能够对上课内容有所了解，然后在课堂上讨论，再去写作业，才能真正吸收到知识。台达希望把数字和网络教学大量用在普及教育方面，提升教育水平，发展科技，弘扬我国优良文化。

# 依托"一带一路"实现共同发展

■ 刘冰
中国社会责任百人论坛发起人　中国黄金集团公司董事、总经理、党委副书记

中国黄金集团公司是我国黄金行业唯一一家中央企业，是中国黄金协会会长单位，也是世界黄金协会唯一一家中国的董事会成员单位；是集地质勘探、矿山开采、选矿冶炼、产品精炼、加工销售、科研开发、工程设计与建设于一体的大型矿业公司，拥有完整的上下游产业链。目前公司黄金资源储量、矿产金产量、精炼金产量、黄金投资产品市场占有率、黄金选冶技术水平、上海黄金交易所综合类会员实物黄金交易量六项指标位居国内行业第一。

在经济全球化的今天，"一带一路"建设是我国在新的历史条件下实行全方位对外开放的重大举措，也是推行互利共赢、实现共同发展的重要平台，具有深刻的历史和现实意义，更蕴藏了无限机遇。就中国黄金来说，"走出去"就是要依托"一带一路"，实现"四个共同发展"。

## 一、与行业共同发展

"一带一路"沿线国家黄金矿产资源丰富，消费需求旺盛，投资交易活跃，在世界黄金产业价值链中占有重要份额和地位。黄金资源开发对基础设施要求不高，见效快，具有先导和示范意义。黄金价值高，体积小，交易方便；生产黄金过程中单位产值的能源、物资消耗少，企业运输量小；企业融资具有独特的优势。"一带一路"战略的实施，为国内黄金企业在资源开发理念和开发模式上与国际进一步接轨，突破传统技术工艺、创新营销模式和推动行业转型升级，创造了新的发展机会和空间。中国黄金成功并购吉尔吉斯库鲁大型铜金矿项目和布丘克大型金矿项目，标志着中国黄金与"一带一路"沿线国家的国际合作进一步加深，优势互补不断体现。2015年5月，中国黄金与俄罗斯极地黄金公司签署了有关黄金及有色资源开发的合作框架协议。

## 二、与社区共同发展

"一带一路"沿线国家资源禀赋各异，互补优势明显，相互合作潜力巨大，加大矿产资源的勘探开发，实现资源优势向经济优势转变，是沿线国家的共同愿景。同时，"一带一路"沿线国家是我国传统的文化交流、贸易往来的主要区域，战略及产业契合度较高，合作前景十分广阔。我国具有黄金勘探开采选冶技术和人才优势，与沿线国家互补性较强，合作开发黄金资源的潜力和空间极大。借力"一带一路"战略，在充分了解沿线国家供给和需求的基础上，参与到沿线国家的资源开发、产能、市场合作中去，是做强做优做大黄金产业，与当地社区共同发展的良好途径。中国黄金集团刚果（布）索瑞米项目是中国黄金践行国家"一带一路"战略，加快"走出去"的新突破，也是刚果（布）国家第一个金属矿采选冶炼工程项目。

## 三、与产业链共同发展

近几年，中国一批大型装备制造企业快速发展，形成了世界矿业装备供应商与服务商的综合优势。我国矿业装备制造水平不断提高，在产品质量、性能和价格上，具有较强的国际竞争力，这对于制造水平能力比较欠缺的“一带一路”沿线国家来说，形成了良好的互利共赢合作基础。可以借助“一带一路”黄金矿业开发平台，带动我国采掘机械、运输机械及自动化设备等大型成套矿产开发装备的研制和“走出去”。

## 四、与环境共同发展

中国黄金从关乎企业生死存亡的高度来看待健康安全环保工作，牢固树立安全发展、绿色发展的理念。提高矿山企业及各板块企业本质安全，积极推进“科技兴安”，改造升级生产工艺和设备，提高生态文明和可持续发展能力。打造“资源节约型、环境友好型、企地和谐型、员工幸福型、发展持续型”五型矿山，实现企地和谐发展。在环境脆弱地区的内蒙古矿业公司和西藏华泰龙公司等企业，环保投入达到总投入的11%以上。中国黄金有30个矿山成为国家级绿色矿山试点单位，占全国黄金行业的45%。

作为中国黄金协会会长单位，世界黄金协会在中国的首个董事会成员，中国黄金有责任引领中国的黄金企业可持续发展。我们提出四点倡议：

**一要联合联动，行业共同发展。**在“一带一路”建设中，黄金企业特别是大型黄金企业集团要团结协作，整合资源，加强联合，推进与“一带一路”沿线黄金资源丰富的国家进行黄金勘探、开采、加工、消费，以及黄金投资、交易等方面的深入合作。同时，要加强与大型设备装备企业、大型施工建设企业的联动，优势互补，形成合力。

**二要创新科技，助力“走出去”。**在“一带一路”建设中，我们要借助黄金产业技术创新战略联盟，加大对行业内遇到的共性技术难题和产业化问题的研发力度；联合技术研发和应用方面有实力的业外企业，形成联合研发、成果共享的科技研发工作机制，培育新产业、新业态、新产品和新服务；可以抓住“智能制造”、“互联网+”国家战略机遇，积极探索实践黄金电子商务，在产品、营销、服务模式上创新，开拓黄金产业新的领地。

**三要绿色发展，履行社会责任。**我们必须进一步做好安全生产和生态环境保护工作，以生态矿业、绿色发展新理念推进“一带一路”黄金产业创新，建设绿色矿山、和谐矿山。同时在海外开发过程中，要熟悉当地国的法律、政策，做好社区和谐建设和劳资关系建设。

**四要打造产融平台，发挥协同效应。**在“一带一路”建设中，借助国家政策，联合国内外专业黄金公司、金融银行、投资基金、中介机构、科研单位共同参与，以产融联合体的形式，组建“一带一路”黄金产业开发专项基金，作为黄金产业“一带一路”建设的配套体系，充分发挥金融平台和黄金产业融合的优势，加大“走出去”力度。

“一带一路”建设体现了和平合作、开放包容、互学互鉴、互利共赢的丝路精神，中国黄金集团公司将携手“一带一路”沿线国家的黄金企业共商、共建、共享，为“一带一路”沿线国家的发展，为实现多方共赢做出贡献。

# 企业是社会的公器

■ 张凯
中国社会责任百人论坛发起人　　松下电器（中国）有限公司副总裁

松下电器成立于1918年，即将迎来创业100周年。松下电器的创业者在1932年，也就是创业将近15周年的时候，就认识到“企业是社会的公器”，公司经营的目的就是为提高人们的生活水平和推进社会的发展做出努力，并将此作为公司经营的基本方针，延传至今。

从电灯插座开始创业，到今天发展为世界500强的企业，公司事业涉及家电、汽车电子、系统、影音、能源、元器件等多个领域。随着公司规模的扩大，对资源的使用也在增加，肩负的社会责任也更加重大。

在今天，社会的可持续发展以及社会与环境的和谐共存，已经成为人们的广泛共识。作为一家全球性企业，松下电器在世界范围内都遵循统一的可持续发展方针，通过商品服务、供应链管理、环境保护、人才培养、利益相关方合作、公益活动等方面，致力于实现企业、社会和环境的和谐，为未来可持续发展做贡献。

为此，松下在2013年制定了“中期绿色计划”环境愿景，针对社会普遍关注的气候变化、资源、水、土壤等全球环境问题，设定了2018年的环境目标，并向社会公开发布。以期为全球的环境保护作出承诺和贡献，并积极发挥榜样的作用。

> **作为一家全球性企业，松下电器在世界范围内都遵循统一的可持续发展方针，通过商品服务、供应链管理、环境保护、人才培养、利益相关方合作、公益活动等方面，致力于实现企业、社会和环境的和谐，为未来可持续发展做贡献。**

目前公司的各个经营环节都在努力贯彻环境方针，目标将在预定时间内达成。同时，除了在公司内部进行环境目标管理，公司还与上下游合作伙伴一起，进行环境保护方面的合作，以期将环境保护向整个供应链扩展，实现更大的环境保护目标。

特别是将上游供应商作为松下供应链环境风险控制和管理的出发点，集团的采购方针已经明确规定了企业开展采购活动时必须承担起供应链的环境对应义务。与供应商签署绿色采购协议，将供应链上的环境保护责任也纳入到松下公司的环境目标管理中。根据这一方针，我们从2015起开始实施中国特有的、旨在管理CSR风险的环境自主调查，通过这些活动，提高供应商对环境保护的认识，并不断付诸行动。

在所启动的四项主要自查活动中，松下公司与各环境机构进行紧密合作，充分利用中国政府和各环保机构的违纪企业数据库，对任何涉及环境违纪的企业，严格地追查，作出限期整改的要求，甚至作出取消采购的行动。

通过各项培训和指导，公司获得了越来越多的供应商的理解和配合。松下公司也在2015年度的绿色供应链环保评选活动中，得到第三名的评价，受到环保机构的称赞。

除了对环境保护的不懈努力外，松下公司还一直重视对社会的回馈活动。我们连续20年发放奖学金，连续10年举办儿童微电影比赛和儿童环境教育，每年万余名员工参加到志愿者活动当中。通过实现与环境和谐共处，企业的社会责任已经融入到了公司的所有经营活动中以及全员的意识中，并对公司的经营带来良性的结果。

# 扶贫不忘初心，携手圆梦未来

■ 宋歌儿
中国旅游集团办公厅副主任

中国旅游集团公司是总部在香港的国有重要骨干企业，2016年8月，经国务院批准，中国港中旅集团公司和中国国旅集团实施战略重组，正式更名为中国旅游集团公司。目前中国旅游集团对云南、贵州两省的西盟、孟连等五个县开展定点扶贫工作，到今年已经迈向第15个年头，逐渐摸索出“教育+产业”一体两翼的精准扶贫开发模式，以脱贫、摘帽、增收三大目标为出发点，希望以产业扶贫、教育扶贫两项重要的扶贫工作为抓手，搭配合作，激发和建立帮扶地区自我发展的内升动力，回归扶贫工作的要义。

产业帮扶是中国旅游集团定点扶贫工作的中心，目前乡村旅游是旅游扶贫的主阵地。中国旅游集团作为以旅游为主业的央企，如何利用好集团旅游主业的优势，挖掘帮扶地区旅游产业的要素资源；如何以旅游促进区域的发展，以发展带动区域脱贫，是中国旅游集团一直在思考和积极着力推进的工作。

中国旅游集团的帮扶地区——贵州黎平县旅游资源较为丰富，中国旅游集团着力开展做实旅游主业的扶贫，与贵州省黎平县签订了《黎平县旅游产业发展战略合作协议书》。在当地各重要景区建立旅游集散中心，借助中国旅游集团旗下的聚客能力和品牌优势，发挥集散中心文化传播、产品购买、旅游服务三大核心功能，带动黎平旅游服务市场，实现跨越式发展，让当地的老百姓能够真正得到实惠。

我们与当地的农业示范园区合作，投资建设了“中国旅游集团桂花台茶旅体验园”，这个项目主要利用集团景区的专业管理经验和行业优势，打造以“茶叶种植，采摘体验，餐饮和住宿，户外赛事和侗族文化的展示”为核心的区域一体化综合方式，来帮扶锁定建档立卡的贫困户。项目采用定向招工、技能培训的方式实现园区业务发展，同时提高建档立卡户的收入，建立有黎平区域影响力的农业休闲旅游品牌。

集团在黎平有特色茶叶种植等比较有代表性的扶贫项目示范基地，基地实施市场化运作。目前在黎平茶叶基地出产的白茶和雀舌茶已经申请获得了国家质检总局有机产品认证。中药材基地积极开展黎平中药材综合项目的一个试点建设工程，这也是GAP的综合项目的一个基地试点。GAP是国家食品药品监督管理局通过的中药材生产管理的规范。循环产业经济发展模式持续激发了贵州黎平当地农户对作物种植的积极性，也为帮扶地区特色农作物种植产业的规模化和产业化，以及低成本化提供了一个可靠的保证。

在教育扶持方面，2013年下半年，集团开发工作小组专门到扶贫地区，重点考察当地部分中小学校教学基础设施的情况，发现很多学校在基础设施以及教学资源的配备方面还有改善的空间，比如，很

> “目前中国旅游集团对云南、贵州两省的西盟、孟连等五个县开展定点扶贫工作，到今年已经迈向第15个年头，逐渐摸索出‘教育+产业’一体两翼的精准扶贫开发模式，以脱贫、摘帽、增收三大目标为出发点，希望通过产业扶贫，教育扶贫两项重要的扶贫工作为抓手，搭配合作，激发和建立帮扶地区自我发展的内升动力，回归扶贫工作的要义。”

多学生高考中的信息化考试没有办法在学校完成。工作小组回去之后立即筹划推出了“港中旅希望之星”教育帮扶主题概念，对学校的教学设施进行重点建设投入，希望能够快速帮助两省五县改善基础设施条件，让学生直接感受到帮扶的成果。“港中旅希望之星”系列项目的开展也有利于集团与当地扶贫办对项目资金进行监管，这个主题项目的推出也对集团扶贫专项工作的整合和品牌化发展提供了一个非常好的平台。希望用3-5年的时间在定点扶贫地区做到“希望之星”教育帮扶项目的全覆盖。智力扶贫不同于其他的帮扶形式，中国旅游集团所做的工作实际上是在影响着孩子们的人生，所以，“港中旅希望之星”系列项目不仅要做足、做好，而且还要做细。

同时，对贫困学生学业和生活方面我们也在寻求突破和提高。2015年，集团公司开始与中国扶贫基金会联合在贵州省的黎平、云南省的西盟和孟连三个县成立首批“港中旅高中生自强班”，希望通过基金会项目管理经验，精准识别建档立卡贫困学生，通过精准的资助和监督以及反馈帮助困难学生解决高中学习费用的问题，让他们没有学习生活的后顾之忧。期待着这个项目持续健康地发展和壮大下去。

# 做具有人情味的企业

■ 单惠德
LG电子对外事务总监

LG是大家比较熟悉的一个公司，有200多家子公司，将近十万名员工，涉及众多领域。但是，它只有一种企业文化、一种企业哲学，就是“LG way”，这是LG的战略和框架。“为顾客创造价值”和“尊重人的经营”，是LG的经营理念，它有一个行动方式，叫做“正道经营”。LG的愿景是做最好的、一等的LG。

LG电子进入中国已经有二十年了，在中国的主要业务是消费类电子产品的生产和销售。LG集团整体负责CSR管理，由LG电子担任中国社会责任委员会的委员长，同时由LG电子对外合作部负责协调推进LG集团的社会责任事务。

本文的主题是“做有人情味的企业”，这与我们的经营理念“为顾客创造价值”和“尊重人的经营”息息相关。做企业社会责任，一定要把消费者的利益放在第一位，一定要做对环境和能源负责任的事情。LG做具有人情味的企业，首先就是将顾客放在第一位。

## 为顾客创造价值

怎么样为顾客创造价值？包括三个方面，第一个是为顾客带来科技上的价值；第二个是卓越的品质，一定要在所提供的产品和服务的质量上、品质上，做到卓越；第三个是贴心的服务。

在众多的产品中，比如彩电、冰箱以及洗衣机，LG电子科技领先，获得了很多的国际性大奖。比如有一款LG洗衣机，它分上下两个部分，上面是滚筒，下面是小涡轮，这样就可以把一个家庭的衣服，包括老人的和孩子的，内衣或外衣，一次性地放入洗衣机的两个区域分别洗涤，给消费者带来了很多便利。

为顾客创造价值的第二条是卓越品质。比如生产冰箱的LG电子泰州法人有一句话，“哪怕只是冰箱表面上有一个划痕，虽然不影响冰箱的正常使用，但只要消费者给退回来了，我们就会进行碎化处理，这是我们对消费者的品质承诺”。可见公司对品质、对满足消费者的需求有非常严格的要求。

第三个是服务，售后服务我们提出“101的承诺”。“1”是通电话一分钟，消费者给售后打电话，一分钟就能完成预约。“0”是让消费者零等待，在约定的时间，工程师一定会出现。下一个“1”是一次性处理完毕，不需要反复地去处理。这个是我们售后服务的“101的承诺”。

### 尊重人的经营

第一个是员工关爱。对员工，LG非常注重人文关怀。可能所有的企业都在做员工关爱、员工技能提升和职业发展等工作。但是LG有个独特的方式叫做“USR”，U代表工会，USR是指企业社会责任的理念要具体到每一个员工的身上，要使企业社会责任和每一个员工息息相关，然后以工会的组织形式，让每个员工都参与到社会责任工作中。据我所知，现在在跨国企业中只有LG提出了USR的概念。我们结合ISO26000的议题，从组织管理、劳动、人权、环境、消费者和社区关爱等方面开展活动，使员工对企业社会责任的参与度大大提升。

第二个是社区支援。首先是教育支援，LG电子坚持做希望学校项目，虽然希望学校数目不多，但是我们让学校的每一个学生、每一个老师在每一年都能够感受到LG具体的关怀。比如我们开展爱心日活动，每年在“六一”儿童节之前让所有的学生共同参与一个主题活动，再选拔优秀的学生，到LG在全球和全国各地的生产法人所在地进行产业现场的参观、学习和游览。这对希望学校的小学生和中学生未来的成长非常有帮助。

第三个是弱势群体关怀。LG开展了一个圆满假期活动，在北京的高校选拔农村籍大学生，在他们每年放寒暑假回家的时候背上LG捐赠的爱心背囊。回到老家以后对所在家乡的留守儿童进行爱心背囊的传递，并且向农村留守儿童讲述大学的生活，讲述最新的科技，让这些在农村的留守儿童能够从小有一个对美好生活的憧憬，能够树立一个远大理想，让他们立志要向同乡的大哥哥们、大姐姐们学习。这是弱势群体关怀的一项有意义的活动。每年2000名大学生要援助他们故乡的6000名留守儿童，今年已经做到第三个假期。

如果一个企业要承担法律责任、经济责任、社会责任和环境责任，最终级的目标都是对人的尊重和关爱，这一点上来讲，有人情味的企业，就不是一个小题目。这是LG过去、现在和未来的坚守。

# 韩国政府大力推动韩企海外履责

■ 徐旻廷
韩国驻华大使馆参赞

通常来讲CSR是指企业在追求盈利的时候，遵守环境、人权、劳工等国际规范和道德标准，落实社会义务的行为。CSR的概念是与社会发展一起进化的，初期以竞争或者是募捐活动为主，随着全球化和跨国企业的快速发展，对外投资企业遵守国际规范和当地法律法规，对当地社会做出贡献，成为两国合作发展的必要条件。

CSR本质上是民间和企业自发的主导活动，但是如果企业欠工资，对劳动者的人权不够尊重，污染环境，就不仅是企业的问题，对国家的形象也会产生负面影响，因此政府有必要关注和支持这一领域。从公共外交的角度来看，企业的CSR活动有助于提升国家产品的形象，从而提高企业境外竞争力。从中长期角度来看，还可以改善当地的企业活动环境。

最近在CSR领域制定了很多关于跨国企业社会责任的国际标准，或者是指导方针，这些标准和指导方针有可能成为对企业有约束力的国际公约。因此，驻华韩国大使馆有必要提高在华韩国企业对CSR的认知度。大企业或者是跨国企业选择合作公司或者是供应商的时候，要求中小企业有CSR活动记录，或者是遵守国际CSR标准的例子越来越多，因此驻华韩国大使馆有必要提高中小企业对CSR的认识并给予相应支持。鉴于这种必要性，韩国政府为了支持CSR活动，于2011年开始由外交部单独安排预算，从驻外使领馆支持“走出去”韩资企业履行CSR。

外交部CSR支持项目的目的是让“走出去”

的韩资企业更好地遵守劳动、安全、环境等国际规范和当地的法律法规，并通过多种多样的社会贡献活动提高企业的形象，深化韩国与当地国家之间的贸易投资关系，最重要的是加强两国的外交和经济合作关系。

外交部CSR支持项目主要是通过驻外使领馆进行，从中长期的角度是为了改善韩国企业的境外活动环境。为支持企业“走出去”，各地区的驻外使领馆通过多种多样的方式支持企业的CSR活动。

外交部主要关注以下几个方面：第一，发展中国家为优先支持对象，因为发展中国家的问题多于发达国家；第二，侧面地支持企业的CSR活动，调动企业的主动性；第三，以使领馆与当地机构的工作网络为基础，与相关各方建立有机的合作关系，以便于CSR的活动发挥协同效应；第四，中小企业与大企业相比对CSR的认知度比较低，或者因资源或能力不足很难进行CSR活动，它们也是重点支持的对象。

外交部的CSR支持项目最终目的是促进韩国

与当地政府之间建立信赖关系和增进合作，因此，有必要推动和加强与当地政府及与CSR有关组织之间的合作关系。2016年在中国地区有25，000多家韩资企业，大多数是中小企业。尤其是近年来，中国越来越重视企业的社会责任，因此这些领域两国的合作潜能越来越大。

韩国在中国地区包括大使馆共有10个使领馆，各地区的使领馆近年来积极支持韩国企业的CSR活动。有一项特别的举措是，2012年，中国韩国商会主导制定了“在华韩资企业宪章”，它以企业加强社会责任的自发性努力为目的，是在华韩资企业志同道合、主动制定的宪章，有很重要的意义。

为了提高韩资企业对CSR的认知度，使领馆主要开展三个项目，召开CSR论坛或邀请CSR专家召开研讨会，或者以当地的法律法规为主题，举办特定主题的分类座谈会。例如，2016年9月中国发布新《慈善法》，使领馆以此为契机召开了《慈善法》说明会。另外，使领馆还定期调查CSR的现状，了解韩资企业CSR活动的现状和问题，为政府制定支持方针提供参考。

韩国使领馆还致力于构建CSR与有关机构之间的协议机制，建立企业和机构之间的交流和沟通渠道。举个例子，使领馆和中国韩国商会定期举行CSR的例行协议会议，将这个会议作为搜集企业困难和建议的平台。每年年底邀请中国各地区领事馆负责CSR项目的领事举行座谈会，汇聚信息，听取建议。另外还积极推动与中国社科院及中国CSR有关机构的交流和合作，了解和传播中国当地和韩国的CSR动向以及信息。

使领馆注重宣传韩国企业、韩资企业的CSR活动，韩国企业举办CSR活动时，使领馆的领导会出席并致辞，通过这种方式提升当地人对韩资企业CSR活动的认知度，进一步提高韩企和韩国的形象。

为鼓励企业做CSR，使馆每年评选出CSR优秀企业并颁发奖状。2015年开始和中国社科院CSR研究中心联合制定优秀企业的评价指标，在中国韩国商会的协助下评选出CSR优秀企业，并以大使的名义颁发奖牌。得益于在华使领馆的积极支持，中国国内韩资企业的社会责任活动也受到好评，尤其是根据中国社科院发布的企业社会责任蓝皮书我们可以看到韩企的平均分数多年以来在外资企业中是最高的。

韩国使领馆将持续致力于推动中韩两国企业的CSR活动，促进两国的外交和经济合作。

# 恩派的战略公益

■ 丁立
恩派公益组织发展中心副主任

我的个人经历跟企业社会责任有很深的渊源。大学毕业到现在二十多年，职业生涯正好是一半在企业一半在公益组织，前面的十多年主要是在一些跨国企业从事市场营销工作。

2008年年初，我有幸加入恩派公益组织发展中心，在推动社会发展层面更进一步。恩派是一个支持中国公益行业发展的专业性机构，在过去的十年中，跟国内几十家大企业，尤其是世界五百强企业，在战略公益，包括战略性的企业社会责任项目中有很深入的合作。

举两个例子，恩派与福特汽车从2011年开始合作。福特汽车2000年进入中国的时候推出了福特汽车环保奖，但开始的十年间只有这一个奖项，而且主要是由福特内部的公关部门负责评选和颁发。虽然奖项评选持续开展，但由于缺乏专业公益机构的介入和协助，对于中国环保事业、环保公益组织的发展作用较为有限，未能实现当初设立的目标，效果不够持续。恩派从2011年开始为福特汽车公司逐步设计和完善了一整套福特"更美好的世界"方案，从汇聚社会资源支持环保公益组织的发展，到福特企业员工志愿者的参与，恩派把福特汽车环保奖的奖项每年做一些微调，以更好地呼应近年来的环境热点。恩派通过诸如环保训练营、导师计划等高质量的能力建设项目，支持整个环保公益界内社群更多的交流，同时也把福特汽车，包括来自于其他企业的一些非常好的专家资源引入到环保公益组织，促成他们更深入的合作。发展到今天，恩派与福特汽车已经合作超过五年，现在这个战略性CSR项目的投入规模是每年1000万元人民币左右。

恩派与汇丰银行从2013年开始合作，开展全国性的社区共治领域的战略性CSR项目。恩派在这个项目中，不光要深入全国超过一百个社区去发现并且培育当地的社区社会组织，同时还要去吸引、争取来自政府不同部门的配套资金。该项目平均每年投入1000万元人民币左右，每年给数百家社区社会组织发放的奖金和提供的能力建设服务为600万元人民币。同时过去的三年中，恩派平均每年也为这个项目争取到超过500万元人民币的来自于数十个政府部门的资金配套，此外还得到了汇丰企业员工志愿者等高度的参与和支持。

从传统经济学意义上讲，企业只要履行自己的对股东、对消费者或客户的义务就可以了，可以完全不理会自然资源的有限性和环境污染的问题。但是在市场经济和科技水平非常发达的今天，世界变小了，我们发现只有一个地球，不可能无休止地追求经济增长，必须兼顾自然生态和社会生态的可持续发展。像我们共同面对的环境危机，诸如水、大气等的污染，资源日益枯竭的问题，这不仅是企业从盈余中拿出一部分做点慈善捐款，或者是说做一些好事就可以解决，而是要深刻地考虑企业整体的运营怎么能更多地与利益相关者合作实现节能减排，共同推动社会整体的可持续发展。联合国也在2015年发布了17个可持续发展的目标（SDGs），这些目标的实现需要全社会，尤其是企业界的大力支持。

# 战略引领 知行合一

■ 卑毅
中国社会责任百人论坛专家委员会副主任委员　中国南方电网公司战略策划部副主任

中国社会责任百人论坛自成立以来，立足可持续，着眼新发展，为政府推进社会责任发展建言献策，为企业更好履行社会责任提供支持，做了大量卓有成效的工作，可以说恰逢其时、意义重大，标志着中国企业社会责任的推进工作踏上新征程。责任百人论坛有三点重要作用：一是必将推动中国社会更好地践行五大发展理念，更加注重发展的科学性、协调性、可持续性，努力在发展低碳经济、加大节能减排、推进绿色发展等方面发挥作用；二是必将进一步指导中国企业不断建立完善社会责任管理体系，将可持续发展理念融入企业管理运营，有效提升企业管理水平；三是必将更好地促进中国企业立足社会需求，瞄准社会焦点，探索履行社会责任的最佳实践模式，赢得发展空间和竞争优势，引导中国企业在未来的履责道路上走得更远。

作为关系国计民生重要公用事业性骨干企业，南方电网公司一直十分重视社会责任，始终按照“战略引领、知行合一”的原则，积极推进社会责任工作。

## 一、始终深刻认识自身定位

作为中国电力改革的试验田、南风窗，南方电网公司深刻认识到电网企业处于关系国计民生的基础性行业，具有典型的公用事业属性，不仅要立足国情企情，勇立改革潮头，积极支持、全面参与、稳妥推进各项改革工作，履行好自身政治责任、经济责任，也要毫不动摇、积极主动地履行好社会责任，推动公司更高质量、更有效益、更可持续地发展，让千家万户用得上电、用得起电、用上好电。

## 二、始终注重价值引领

公司成立之初，就确定了“对中央负责 为五省区服务”的企业宗旨，并在中央企业中较早倡导“主动承担社会责任”并认真实践。在公司制定的中长期发展战略中，公司把“主动承担社会责任，全力做好电力供应”作为公司使命，找准了作为公用事业企业的服务型定位，明确了公司行为的价值判断标准和价值追求。

2016年，公司党组以社会主义核心价值观为引领，结合公司自成立以来在价值观管理方面进行的大量有益实践，确立了诸如“人民电业为人民”的企业宗旨、“主动承担三大责任 全力做好电力供应”的企业使命等，提出了“打造安全、可靠、绿色、高效的智能电网，成为引领发展、广受尊敬的卓越企业”的企业愿景和“创建管理精益、服务精细、业绩优秀、品牌优异的国际一流电网企业”的战略目标。这些价值理念从大局高度、从战略层面无不闪烁着公司对主动履行社会责任的深刻理解，无不体现着南网人对“万家

灯火　南网情深”品牌形象的矢志追求，对社会责任工作的积极引领和推动作用。

## 三、始终注重提升责任治理

我们通过连续四年对标国际先进企业发现，国际先进企业都十分关注关键实质性议题，很多企业都围绕议题开展社会责任管理。我们也认为以议题管理为抓手，各个击破、点对点管理，对公司可持续发展具有重要意义。我们从构建南网社会责任议题库开始，通过开展年度利益相关方调查，明确关键实质性议题，梳理基于利益相关方视角的议题管理流程，以社会责任报告为桥梁与利益相关方沟通议题管理的成效，逐步建立了以议题管理为抓手的工作推进新模式。

## 四、始终注重增进和利益相关方的沟通互动

在连续两年开展“社会责任日”效果良好的基础上，公司自2013年以来连续开展“社会责任周”活动，启动“责任南网行”调研，邀请国务院国资委有关厅局领导、国内知名社会责任专家、中央企业社会责任专家和媒体代表现场指导，将社会责任管理诊断送到基层一线。五省公司、广州、深圳供电局七家单位依次发布自身社会责任实践报告，通过开展上门服务，组织客户、社团组织、意见领袖等参观社会责任示范基地，召开大客户座谈会等丰富多彩的活动，传递南网真情；并通过宣传片、媒体、微博等沟通方式，多层次、多视角、立体地增加公司运营透明度。

公司注重发挥社会责任报告对管理的促进机制，创新报告编制流程，增加监控环节，将报告编制过程转变为企业战略实施和责任管理的过程。迄今，公司已经按年编制和发布了9份社会责任报告，近六年的社会责任报告连续获得中国企业社会责任报告评级专家委员会五星级评价。

2010年以来，公司还积极推动社会责任示范基地建设，先后设立了九个社会责任示范基地，搭建起与利益相关方和谐互动的平台，很好地发挥了与利益相关方沟通精品窗口的作用，受到群众广泛欢迎，这项工作还在继续大力推进。

## 五、始终注重影响力提升

参与《中国企业社会责任报告编写指南4.0》编制工作，拓展公司履责视野，传播公司履责理念和实践。开展公司海外履责前期研究，赴老挝开展公司海外项目履责情况调研，为公司更好提升海外履责形象奠定基础。根据中国社科院《企业社会责任蓝皮书（2016）》，公司在中国企业300强、国有企业100强以及电力行业的社会责任发展指数中均排名第一，达到五星级水平，处于卓越者阶段。这是继2014年后，公司第二次取得排名第一的好成绩，也是公司连续五年排名保持前三。在由新华网、中国社科院企业社会责任研究中心等单位联合主办的“2016中国社会责任公益盛典”上，公司荣获“2016中国社会责任杰出企业奖”。

履行责任，行胜于言。对于南方电网公司来说，在推进社会责任方面虽然取得了一些成绩，但进一步做好社会责任工作还有很长的路要走。我们将以此次取得的成绩为起点，着眼于南方电网公司的长远发展，努力在履责路上取得更好的成绩。

# 匠心履责 行稳致远

■ 葛季明
中国社会责任百人论坛专家委员会副主任委员
中国第一汽车集团公司　两办社会责任办公室主任

中国第一汽车集团公司作为中国社会责任百人论坛理事长单位，愿意为这个论坛健康发展、行业健康发展、供应链健康发展做出一汽应该做的贡献。我们在这里怀着非常敬畏的心情，做出保证：一定承担起中国一汽应该承担的责任，同时为行业健康发展和产业链健康发展做出应有贡献。

我们将积极履行社会责任，体现在以下四个方面。第一个是战略，中国一汽“十三五”战略提出四个目标：市场占有率、利润率、新能源车、做卓越企业公民。四个主要战略目标中有两个是有关社会责任的目标。

第二个是治理结构。中国一汽社会责任的治理结构不断完善。2016年3月公司将原来的社会责任领导小组升格为社会责任委员会，委员会吸纳相关的职能部门成为委员会成员，共同推进社会责任工作。还有一个新的机制是公司出资5000万元设立的中国一汽公益基金会已经得到了国资委的批准。现在民政部还在待批，可能《慈善法》公布以后新的基金会管理条例要重新修订，修订完以后将获得批准，这也是将来中国一汽履行社会责任的平台。

在一汽有一套社会责任的汇报机制，党委常委会每年要听取一次社会责任的汇报，董事长每三个月要听取一次社会责任的汇报，这种汇报机制对于集团把社会责任融入到战略、经营决策和管理中起到非常大的推进和保障作用。2016年3月22日，常委会听取了社会责任的汇报，把全年的重点工作确定下来。2016年9月22日，集团公司专门为社会责任召开了一次常委会，讨论国资委号召发起中央企业贫困地区产业投资基金股份有限公司事宜，决定出资3亿元，与51家央企联手发起中央企业贫困地区产业投资基金。事后秘书组的同志告诉我：“社会责任很牛，近几年来第一次公司常委专门为一项业务工作召开一个常委会，这是之前没有过的。”

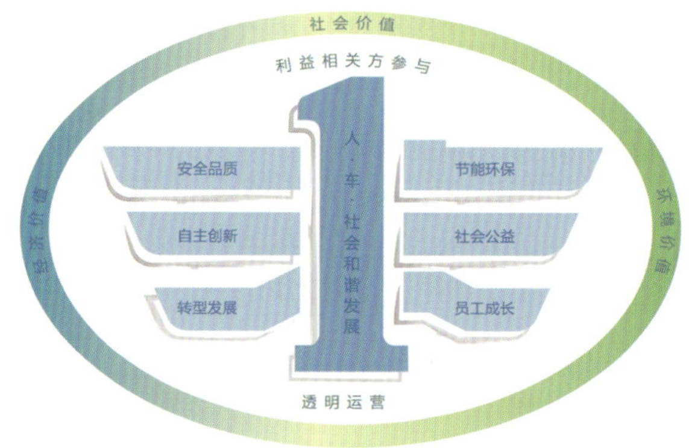

中国第一汽车集团公司社会责任模型

第三个是联动。2017年刚刚开年，社会责任办公室便跟营销管理部和下属服务贸易公司的领导共同商议如何把产业引到贫困县，并和宣传部共同商量了如何在新一年做好企业社会责任的对外传播，像中国石化等央企学习。现在我们也在转变，央企以前一直崇尚只做不说，现在我们要又做又说，在集团社会责任委员会领导下各单位一起联手来推动传播。社会责任委员会成立之后，集团公司成立一个专门的部门叫做社会责任室，共有四个人推动这项工作，但社会责任办公室仅仅是集团社会责任工作的一个办事机构，关键是要把从战略到经营，再到整个体系的联动承担下来。

第四个是要和合作伙伴、员工等利益相关方共同

**在一汽有一套社会责任的汇报机制，党委常委会每年要听取一次社会责任的汇报，董事长每三个月要听取一次社会责任的汇报，这种汇报机制对于集团把社会责任融入到战略、经营决策和管理中起到非常大的推进和保障作用。**

推进社会责任。最近，公司组织广西凤山的51个孩子坐火车到长春参加“远方的少年——凤山少年一汽行”主题冬令营活动，公司把51个广西凤山大山深处的孩子接过来，在一汽找了对应的家庭承接这些孩子，一汽的孩子和这些孩子同吃、同住、同玩、同休息、同学习，大家互相交融交友。公司还为这次活动安排了教师、心理咨询师等一系列配置。通过这个小项目可以看到，中国一汽正在把企业的社会责任行为逐渐扩展为合作伙伴、产业链和员工共同参与的行动。

总之，中国一汽愿意承担起作为中国社会责任百人论坛理事长单位应该承担的责任；同时，一汽愿意在未来的岁月中承担起作为一个中央企业在社会发展进步中应该承担的责任。

# 责任需要在沟通中成长

■ 吕大鹏
中国社会责任百人论坛专家委员会主任委员
中国石油化工集团公司新闻发言人、宣传工作部主任

中国石化的责任沟通道路是曲折的，过去一度埋头苦干，只做不说，使得品牌知名度很高，品牌美誉度却差强人意。曾经，中国石化处在社会舆论的风口浪尖，一家企业的负面舆情就占了国资委总负面舆情的18.7%，品牌压力居高不下。有一次我给中国人民大学的学生讲课，胡百精副院长在课堂上现场做了一次调查，问知道中国石化的请举手，90%的学生举手了，问觉得中国石化形象负面的请举手，90%的学生举手了，问毕业后想去中国石化的请举手，又是90%的学生举手了。通过这个现场问答，我发现对于外界来说，中国石化知名度很高，但美誉度很低，吸引力很强。

中国石化自成立以来，坚持履行社会责任，努力将履行社会责任的重点与利益相关方需求相结合，充分发挥中国石化在带动经济、社会和环境可持续发展中的不可替代作用。

2000年至2015年，中国石化累计向炼油板块投入2,766亿元，用于推进油品质量升级，从无铅汽油到国Ⅴ油品，油品硫含量从2000年的近1,000ppm降至目前的10ppm。就在2016年底，中国石化在京油库油品已全部完成置换，十里河等加油站开售京六标准油品。预计2017年2月中旬北京地区562座加油站将提前半个月全部完成置换并供应京六标准油品。京六标准油品技术指标更加严格，环保性能进一步提高。根据北京市环保部门统计，预计使用京六标准油品后，在用汽油车颗粒排放降幅可达10%，非甲烷有机气体和氮氧化物总体上能够达到8%至12%的排放削减率。在用柴油车氮氧化物可下降4.6%，

颗粒物下降9.1%。此外，中国石化在天然气、页岩气、地热等清洁能源勘探开发与利用方面走在国内前列。

中国石化坚持绿色低碳战略，着力推进“碧水蓝天”环保专项行动、“能效倍增”计划、节能减排以及实施碳资产管理等。2016年，“碧水蓝天”环保专项行动圆满完成，三年中，共实施环保治理项目870个，累计投入资金209.2亿元。截至2015年，我们连续5年开展碳盘查和碳核查，累计碳交易量达390万吨、交易额约1.4亿元。

中国石化光明号健康快车10多年治愈了30,000多名贫困白内障患者，不仅帮助他们重见了光明，也帮助他们重拾起美好。近4年来，中国石化继续开展“情暖驿站 · 满爱回家——关爱春节返乡务工人员”大型公益活动，在广东、广西、湖南三省（区）的200余座中国石化加油站建立“情暖驿站”，服务春节期间骑摩托车返乡的外出务工群体，每年超过5000余名志愿者为返乡车主尤其是“返乡摩骑”车主，提供“1+10+X”免费服务，年均累计服务“返乡摩骑”超40万人次。

**“责任是需要在沟通中成长的。责任行动是责任沟通的基石，而责任沟通则是责任行动的保障。于是，我们在责任沟通的进程中华丽转身——从埋头苦干、只做不说转变为边做边说、做好说好。”**

同时每年为1万名“返乡摩骑”免费加满一箱油，提供保险、保暖护膝和安全背心等“爱心大礼包”，免费热水、热食、充电等，温暖他们的回乡路。2016年12月27日起，活动全面接受社会报名，2017年1月13日活动正式启动。

对口支援及定点扶贫西藏、青海、安徽、湖南、新疆、甘肃等7省11个贫困县，1988年以来全系统累计投入扶贫资金11.61亿元。着力帮扶贫困地区发展红心猕猴桃种植产业、携手西藏高原天然水有限公司共同开发“易捷·卓玛泉”，并充分利用中国石化加油站易捷便利店销售网络优势，将这些产品带进千家万户，带动当地经济发展。离天空最近的小学——西藏班戈中石化小学在高原雪域中拔地而起，基本解决了全县小学四至六年级学生集中就学的问题，扭转牧民对子女的上学态度由“劝学”改变为“求学”，成为那曲地区牧区集中办学的典范。在海外，中国石化Addax公益基金会在非洲、中东等地区实施公益项目，重点关注当地教育、健康、环境等。

可是，中国石化做了这么多好事，却好事不出门，坏事传千里，大家只知道“天价吊灯”、“天价酒”、“天价名片”，但过去的很多年间却对我们实际履行的责任知之甚少。

责任是需要在沟通中成长的。责任行动是责任沟通的基石，而责任沟通则是责任行动的保障。于是，我们在责任沟通的进程中华丽转身——从埋头苦干、只做不说转变为边做边说、做好说好。我们在社会责任方面做了那么多事情，我们要以更加公开透明的态度、更加分享沟通的行动，推进“全民公益”、“全民责任”，带动社会上更多的有识之士、爱心人士加入到责任事业中来。

我们的责任沟通得到了社会的认可——以“全民公益”理念为指引，立足媒体合作、微传播、流程化操作、名人效应、典型人物讲故事等特色进行公益传播，有力、有效地提升了健康快车公益事业的影响力、影响范围和美誉度。中国石化光明号健康快车公益项目广受社会认可，连续十二年获得中华健康快车基金会颁发的“光明功勋特别奖”，获得国资委精神文明委员会颁发的“中央企业优秀志愿服务项目”荣誉称号，并获评五星级企业品牌公益项目，入选《企业公益蓝皮书（2015）》。我们连续5年开展“公众开放日”活动。2016年，发布首部《中国石化精准扶贫白皮书（2002-2016）》，这也是央企首部精准扶贫白皮书，并发布中国石化首套公益标识。为充分结合新媒体与线下传播优势，我们编制了白皮书H5版、扶贫专题片并开展扶贫专题展览。

责任沟通尝到了甜头，经过这几年的不断努力，企业美誉度显著提高，负面舆情大幅度下降，中国石化负面舆情占央企负面舆情比例从2012年-2016年实现了“五连跌”。而更重要的是责任沟通的社会意义，通过责任沟通助力社会正能量，带动更多人投身社会责任事业、履行社会责任，让社会充满爱。

# 责任品牌传播之道

■ 罗欣
中国华电集团公司办公厅新闻中心处长

中国华电作为中央重要骨干能源企业，始终牢记肩负的重要政治、经济和社会责任，深入践行“创新、协调、绿色、开放、共享”发展理念，贯彻落实能源发展“四个革命、一个合作”战略思想，主动适应经济发展新常态，以可持续发展为核心，以推进供给侧结构性改革为主线，坚持党的领导、坚持战略引领、坚持价值创造、坚持改革创新、坚持以人为本，加快转型升级提质增效，推进公司做强做优做大，建成以电为主、产业协同、绿色低碳、安全高效的世界一流能源集团。

在经济全球化的时代，任何一个不断成长的企业，都能强烈地感受到，社会责任已成为企业品牌战略不可或缺的推动力。以企业社会责任的履行和企业公民义务的担当为核心的品牌战略，已经成为继资金、技术、成本和人才之后企业竞争的新要素，也是企业品牌战略的下一个争夺空间。当前，我国正处于从“中国制造”向“中国品牌”跨越的关键期，CSR形象在其核心价值体现上，与中国企业有着本源联系，具有中国企业品牌形象所需的存在价值和文化认同，是极具推动力的形象基因，是等待已久的跨文化、多认同、共融和的“世界语言”。中央企业作为我国国民经济的重要支柱，作为参与国际竞争的主力军，应抓住责任品牌建设的新机遇，将责任品牌建设作为调整优化结构、推动转型升级、加快做强做优、实现可持续发展的重要抓手，以打造责任品牌作为企业品牌建设的新机遇，努力在培育品牌中发挥骨干作用，为打造中国经济升级版作出积极贡献。

中国华电作为中国领先的能源企业，积极借鉴，超越创新，逐步将社会责任DNA注入到品牌建设中。我们形成了“中国华电 度度关爱”的责任理念，充分表达了公司主动承担社会责任的初衷、意愿和态度，每一度电，都饱含着一份关爱；每一度电，都担当着一种责任。我们围绕增强“五力”，加强责任

品牌传播：以凝练的责任理念，增强责任品牌传播的表现力；深度开展主流宣传，增强责任品牌传播的影响力；运用全媒体，增强责任品牌传播的感染力；培育社会责任案例，增强责任品牌传播的说服力；加强各方合作沟通，增强责任品牌传播的辐射力。公司的社会责任意识从应景走向自觉，社会责任内容由单项拓展多元，社会责任建设由总部落地基层，社会责任管理由活动转向常态。2016年6月6日，中国华电举行可持续发展发布会，公开发布了三份不同角度的履责报告：《2015年中国华电可持续发展报告》、《中国华电“十二五”温室气体排放白皮书》、《中国华电首届优秀社会责任案例集》，正式启动了“中国华电 度度关爱”责任品牌实施战略和责任品牌4C行动计划。实施战略包括1个理念、2个机制、3大目标和4大履责工程。4大履责工程具体为“璀璨你我”、“绿色家园”、“携爱伙伴”、“聚善公益”为主要内容的“4C”责任行动计划，我们的目标是在提升品牌影响力的进程中履行企业社会责任，在承担企业社会责任的过程中提升品牌影响力。

为了实现“中国华电 度度关爱”责任品牌实施战略和责任品牌“4C”计划的初步落地，中国华电将每年的五月定为“度度关爱”社会责任月，并在2016年尝试组织了首次活动。明媚的五月，“华电蓝”与“度度关爱”Logo出现在海内外多座城市和乡村，十万华电员工真情参与，用健步走、低碳跑、快闪各种形式讲述履责故事，传播“中国华电度度关爱”责任品牌形象，引起了社会各界和媒体广泛关注和高度评价，其传播效果和影响力远远超出了预期,让我们由衷地感叹CSR品牌有魅力！“中国华电 度度关爱”有魅力！

“十三五”时期，中国华电将牢牢把握创建CSR品牌形象的新机遇，秉持视觉的精准性、传播的有效性、形象的系统性，力求将“中国华电 度度关爱”的CSR形象与企业品牌形成良性循环、印象积累，真正实现CSR品牌建设与公司可持续发展战略相匹配，与利益相关方沟通策略相适应，努力成为社会责任管理体系完善的优秀企业，引领行业履行社会责任的优秀企业，履行社会责任具有国际影响力的优秀企业，以负责任的品牌形象赢得尊敬与合作。

志合者，不以山海为远。踏上责任品牌之路，必能成就非凡商业价值，必能造福万千社会大众。

# 共创可持续未来
## ——《中国电建印尼可持续发展报告》发布

■ 王禹
中国电力建设股份有限公司工会主席

中国电建是提供水利电力工程及基础设施投融资规划设计、工程施工、装备制造、运营管理为一体的综合性建设集团。2016年，集团位居财富《世界》五百强第200位，中国企业五百强第43位。作为“走出去”的中央企业，中国电建紧紧依托“一带一路”、互联互通等国家重大战略，充分发挥国际化经营特色和擅规划设计、长施工建造、能投资运营的全产业链优势，在能源、电力、路桥、铁路、房建、投资等多项业务领域迈出了坚实的步伐。

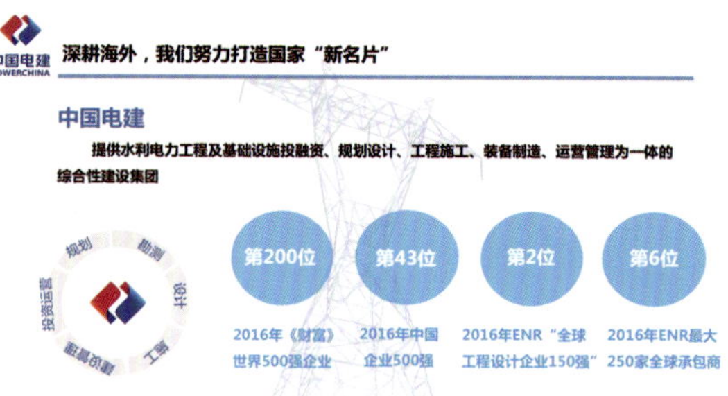


中国电建目前在全球99个国家设有214个驻外机构，在115个国家执行勘测设计咨询、工程承包、装备与贸易供货等合同1,989项。海外业务以亚洲、非洲为主，辐射美洲、大洋洲和东欧。形成以水利电力建设为核心，设计公路与轨道交通、市政房建、水处理等领域综合发展的“大土木、大建筑”多元化市场结构。

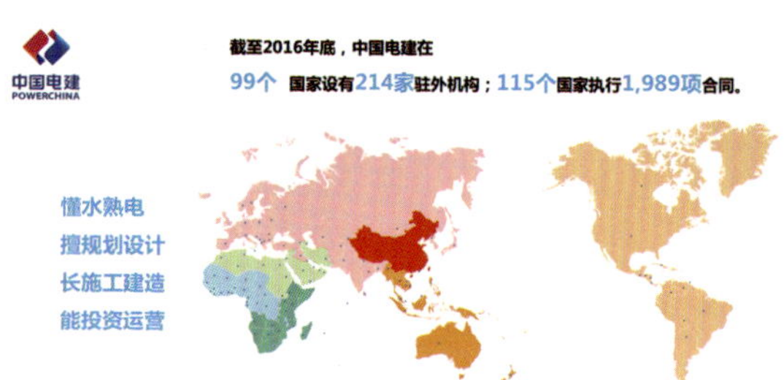


中国电建始终坚持坚守央企使命，在服务国家战略、推进海外业务发展的同时，主动履行海外社会责任，加强海外社会责任管理，受到国内外各界的广泛赞誉。我们注重把社会责任理念全面融入公司的各项管理，从公司治理、保护人权、维护员工权益、保护环境、公平运营、保护消费者权益、实施社区关爱和支持公益事业发展等多个角度履行社会责任，受到了所在国政府项目管理人员、NGO组织以及众多利益相关方的认可，也得到了许多的鼓励和荣誉。同时实现了与利益相关方的共通共赢、价值共享，《中国电建在印尼》影像志、《中国电建印尼可持续发展报告》就是我们在海外履行社会责任的点滴事例。前者是继2016年《中国电建在赞比亚》之后又一部纪录片，后者是中国电建在印尼履行社会责任的总结，也是展示中国电建多年开展海外业务、履行社会责任的成果。

中国电建近几年履行海外责任过程中虽然取得了一些成绩，但是我们清醒地认识到整体的社会责任管理经验仍然欠缺，社区的融合度、主动宣传沟通力度、集团对海外履责的管控和指导力还很不够。在当今“一带一路”国家战略背景下，社

会各方对企业在海外运营也提出了更高、更新的要求。企业更好地履行社会责任，是塑造企业良好文化、赢得所在国各方认同和尊重、拓展海外业务、提升国家形象的必然选择。

中国电建履行社会责任工作还有很多方面需要改进和加强，我们的全面履责之路任重而道远，我们将在把企业做强做优做大的同时，一如既往，积极履行社会责任，努力创造价值，回馈社会，为把中国电建打造成受人尊敬的企业而不懈努力。2017年公司将认真贯彻中央企业社会责任工作会议精神，持续关注海外社会责任，持续提升“走出去”过程中的社会责任工作水平，我们还将继续与社科院等专业机构进行合作，拍摄第三部社会责任影像志并编制国别报告。

（中国电建印尼可持续发展报告H5版本，欢迎扫描阅读。）

# 万家灯火，中老情深
## ——中国南方电网发布首部社会责任国别报告

■ 佀蜀明
南方电网云南国际有限责任公司董事长

2017年1月7日，中国南方电网发布了公司首部社会责任国别报告，即《中国南方电网社会责任国别报告（老挝）》，国家发改委西部司巡视员欧晓理，国资委综合局副巡视员王黎，南方电网公司战略策划部副主任卑毅，南方电网云南国际有限责任公司董事长佀蜀明共同为报告揭幕。

报告以“万家灯火 中老情深”为核心理念，共分为奉献优质服务、改善民生水平、推动可持续发展、加强伙伴关系、促进本地化就业等五大方面，详细回顾了南方电网公司在老挝履行社会责任的理念、举措、典型实践和绩效，也是公司对“联合国可持续发展目标”（Sustainable Development Goals，SDGs）的积极回应，体现了南网人在老挝开展电力合作，带动当地经济社会发展，努力融入当地社会，造福一方百姓的责任担当。

### 联通电力丝路

南方电网公司自成立之初就秉持“立足主业、立足周边”的理念，以电网为纽带，广泛开展与越南、老挝、缅甸、泰国、柬埔寨等国家的电力合作。

截至2016年，公司累计向越南送电322.57亿千瓦时，向老挝送电10.22亿千瓦时，从缅甸进口电量138.62亿千瓦时。

### “一带一路”南网足迹

- 2004年，中越联网第一条线路110千伏河老线投运；
- 2008年，缅甸瑞丽江一级水电站投产；南网电力进口贸易正式开始；
- 2009年，115千伏勐腊-那磨线正式投产，南方电网公司开始向老挝送电；
- 2010年，缅甸太平江一级水电站投产；南网电力进口贸易增加；
- 2011年，在澳门举行首届粤港澳电力企业高峰会；
- 2013年，老挝南塔河1号水电站项目正式奠基；
- 2014年，在广州举办首届周边国家电力企业高峰会；老挝230千伏北部电网EPC项目开工建设；
- 2015年，越南永新燃煤电厂一期BOT项目正式开工；老挝230千伏北部电网EPC项目投产运行；老挝南塔河1号水电站成功进行大江截流；
- 2016年，南方电网公司与柬埔寨皇家集团公司签署柬埔寨电网投资合作谅解备忘录。

### 电亮老挝灯火

“水电富国”是老挝的国家经济发展战略，南方电网公司凭借在长远距离超高压送变电基础、水电站建设技术等方面在全球具有领先地位的优势，与老挝相继开展电力合作项目——230千伏老挝北部电网项目、老挝南塔河1号水电站项目。

230千伏北部电网项目将老挝南乌江各级水电站所发电量送至北部各省并南送至首都万象，结束老挝北部电网孤网运行的历史，同时为老挝北部的泛亚铁路提供牵引电源，也为未来老挝北部主网与云南电网实现对接奠定基础。

南塔河1号水电站项目建成后，平均每年将产生电能7.21亿千瓦时，极大程度满足当地电力需求，提高当地居民的生活水平。

### 共筑中老情缘

#### 授人以渔，实现技术转移

为了实现共同发展、共同进步，南方电网公司专门组织相关专家为老挝变电站的后期运维定制操作手册，并为老挝国家电力公司的学员开展为期10天的针对性培训，带动国内先进理念、技术转移，为老挝后期投产运营奠定了良好的基础。

#### 支援当地教育，搭建友谊桥梁

老挝那磨县CSG小学项目：公司员工自发援助当地小学，共建设教室9间、足球场1个，以及学生座椅、教师讲桌等其他配套设施。

留学生项目：2011年开始，公司通过奖学金资助了38名老挝学生到中国留学，第一批留学生大部分已学成回到老挝参与到电力、医疗事业的建设中，成为中老文化的使者。

#### 改善当地民生，造福一方百姓

移民村工程：南塔河1号水电站项目移民工程涉及波乔省帕乌多县10个村和琅南塔省那烈县27个村，移民总人数10523人，占老挝总人口比重超过1‰，是老挝水电项目中规模最大的移民工程，社会影响面极广、难度极大。移民安置点为山区人民提供了新建的房屋和配套完善的设施，不仅通水、通电、通路，还为新的社区修建学校、卫生所和寺庙等设施，努力改善当地民生，为百姓生活提供便利。

未来，南方电网公司仍将积极主动地履行海外社会责任，与利益相关方开展广泛的沟通，与各东道国共同发展，共同繁荣。

# 为美好生活加油
## ——《中国石化优秀企业社会责任实践案例选编》发布

■ 周泉生
中国石油化工集团公司宣传工作部品牌处处长

为进一步深化落实集团公司社会责任战略，优化社会责任管理，充分挖掘和树立社会责任实践典范，中国石化在2016年开展首届优秀企业社会责任实践评选活动。本届优秀案例评选主要由案例申报、案例初评、案例终评三个环节组成。案例申报阶段，共收到来自66个部门（企业）的103个社会责任实践案例，涉及能源供应、科技创新、节能减排、客户服务、海外履责、供应链管理、安全生产、员工关爱、社会公益、精准扶贫等重要议题。案例初评阶段，集团公司社会责任工作小组和社会责任领域专家根据“战略性”、“实效性”、“创新性”、“延展性”四大标准初步筛选出优秀社会责任入围案例，并对这些入围案例进行网络投票，网络投票主要是在中国石化官方微信以及责任云官方微信进行，为期一周。在此期间，将入围案例提交至专家进行评审。专家来自由国务院国资委、清华大学、中国社科院、中星责任云等机构。最后综合网络投票和专家评审结果，并依照奖项不重复计算原则，最终筛选出最具代表性的优秀企业社会责任实践案例。其中，10个案例评选为“十佳CSR实践奖”、4个案例评选为“最佳创意奖”、1个案例评选为“最佳推广奖”、3个案例评选为“最佳社区贡献奖”、8家部门（单位）荣获“最佳参与奖”。

在前期的评选工作基础上，最终将案例汇编为《为美好生活加油——中国石化优秀企业社会责任实践案例选编》，于2017年1月7日正式对外发布。中国石化希望通过优秀社会责任实践案例的深度剖析，一方面加强内部学习和经验分享，强化社会责任意识，进一步提升各部门（单位）的社会责任管理和实践水平；另一方面充分发挥案例的宣传作用，以案例的传播和推广增加利益相关方对中国石化的认知和了解，提升企业品牌美誉度。同时，也希望通过优秀案例的梳理，形成可推广的方式，与利益相关方共同推动中国企业社会责任的发展。

中国石化坚持“为美好生活加油”的企业使命，积极贯彻落实国家“十三五”规划“创新、协调、绿色、开放、共享”五大发展理念，立足战略高度认识、部署和推进社会责任工作，努力将社会责任融入企业发展战略和日常运营，将履行社会责任的重点与利益相关方需求相结合，不断夯实社会责任管理，深化推进社会责任实践，创新社会责任沟通，充分贡献中国石化在带动经济、社会和环境可持续发展中的力量。

在社会责任管理方面，中国石化社会责任决策领导机构是集团公司社会责任委员会，下设社会责任办公室于宣传工作部，主要负责公司社会责任战略规划及具体事务等的统筹、协调与推进，社会责任报告编制与发布以及责任沟通、传播、评选与研究等事项。2016年，我们编制完成并向系统内部各单位下发了《中国石化“十三五”社会责任规划》，从战略层面系统部署中国石化未来五年的社会责任工作。

在社会责任实践方面，中国石化将履行社会责任的重点与利益相关方需求、企业业务特点与自身资源相结合，发挥优势，创造共享价值。

**创新**：驱动提质增效。科技创新是企业发展的第一动力，中国石化创新科技体制机制，推进工业化与信息化融合，驱动提质增效，不断为企业发展注入新活力和新动力。2016年1月，中国石化高效环保芳烃成套技术荣获2015年国家科技进步特等奖，标志着我国成为世界上第三个掌握该技术的国家。

**协调**：推动持续发展。2015年，国家级示范区——中国石化涪陵页岩气田50亿立方米/年产能建成投产，标志着我国首个实现商业开发的大型页岩气田一期正式建成投产，同时公司启动二期50亿立方米建设，2017年建成百亿立方米大气田。

**绿色**：呵护碧水蓝天。绿色地球是人类共同的家园。中国石化坚持绿色低碳战略，着力推进“碧水蓝天”环保行动、“能效倍增”计划、节能减排以及实施碳资产管理等。我们连续5年开展碳盘查和碳核查，累计碳交易量达390万吨、交易额达1.4 亿元。

**开放**：共谱合作新篇。中国石化深知企业的可持续发展离不开利益相关方的支持和参与，通过践行安全生产、权益保护、公益慈善等责任，用心呵护员工、投资者、消费者、供应商、社区等价值链伙伴，努力让运营中的利益相关方及社会分享企业发展成果。2016年，中国石化应用移动互联网、大数据、云计算等技术，建立工业品电子商务平台——易派客，并向社会开放，开创了供应链对企业(SC2B)的新电商模式。在海外社会责任方面，中国石化积极响应国家“一带一路”倡议，加快步伐“走出去”。截至2015年底，中国石化在76个国家和地区开展业务。2016年1月，中国石化首个海外炼化项目——延布炼厂正式投产启动，该项目也是中国在沙特最大的投资项目，已成为中沙经贸合作的典范。

**共享**：助力社会和谐。2015年，中国石化社会捐助达2.0亿元。在社会公益方面，中国石化大力推进精准扶贫工作，为全面建成小康社会贡献力量，持续开展“光明号健康快车”、“情暖驿站·满爱回家”，支持教育、服务农忙、抢险救灾、志愿者服务等活动，帮助社会弱势群体，提高人民生活福祉。

在社会责任沟通方面，中国石化不断创新沟通与传播机制，加强利益相关方对企业的认知和了解。连续9年发布社会责任报告，创新发布央企首部《中国石化精准扶贫白皮书（2002-2016）》《中国石化在非洲》、《中国石化在巴西》、《中国石化页岩气开发环境、社会、治理报告》等专项报告，连续5年开展“公众开放日”等活动，连续多年关注气候中国峰会，运营中国石化官方微信、官方微博等新媒体平台，助力企业透明运营，提升责任沟通影响力，提升企业品牌美誉度。

# 从传播学角度看社会责任报告的未来

■刘心放
国家电网公司对外联络部社会责任处处长

我以一个翻译者、传声筒、边界扳手的角色，从传播学的角度谈谈对社会责任报告未来的判断。

我之前提出了一个不成熟的观点，认为社会责任报告有三个阶段：1.0阶段，是企业自己写报告给大家看；2.0阶段，是别人提问，我来回答；3.0阶段，是利益相关方来写企业的社会责任报告。这个观点不成熟，也不够严谨，但是它反映了我对企业社会责任报告的个人的良好愿望，希望企业社会责任报告在未来，能够在实质性、平衡性上表现得更出色，同时能够在社会责任报告价值实现的层面，表现得更优异。当然，这三个阶段我也不是随意说的，是依据对传播学的理解，和对当下新媒体传播格局形势的基本判断得出的结论。当下有很多的传播学者、大咖，已经对新媒体格局做了具体的画像。他们认为在过去传统媒体格局下，传播者只需要掌握内容和渠道两个传播要素就可以了。到了新媒体传播格局下又增加了关系和场景这两个要素。我结合几个现象，通俗地解释一下。

第一个现象，社会责任报告不太好看。辛辛苦苦编了一本报告，拿出来之后自己爱不释手，你看这个封面多漂亮、内容多扎实、结构多合理。但是北大光华管理学院有一个实证研究，说根本没有人看企业社会责任报告，阅读率非常低。什么人看呢？看得最多的是企业社会责任领域的专家，搞研究的看。其次是谁呢？是媒体的记者，因为中国的企业很少主动披露自己的信息，所以媒体的记者通常把企业社会责任报告当做是一个权威信息源，在报道当中进行引用。除了这两个群体以外，其他群体基本上不读社会责任报告，基本上是谁写谁看，写谁谁看。为什么大家不读企业社会责任报告？新媒体的传播格局下，无关系不传播。你要想搞传播，得先搞关系，要先搞清楚你要传播的企业社会责任内容跟受众之间的关系。作为一个普通公民，我关心的是我未来的生活怎么样，关心房价会不会继续涨？如果说非跟企业发生点关系，我关心的是这个企业的发展对我的生活是否造成了影响，愿意不愿意为这种影响负责任，愿意负多大的责任。

企业社会责任报告是企业向所有的利益相关方披露自身发展情况以及对经济、社会、环境产生的影响。现在人们不看我们的社会责任报告，为什么？因为报告说的根本就是公众不愿意看的内容。所以，绝大部分1.0阶段的企业社会责任报告基本上是“我说”，只注重企业自己的业绩表达，与各个利益相关方关心的议题关系不大。

第二个现象，尽管也有人看了企业的社会责任报告，但是看完了之后，没有留下印象。国家电网公司每年都编社会责任报告，我们也要看大量的其他企业的社会责任报告。看完之后我就问编写团队，你们觉得今年谁家社会责任报告写得最好？哪一个议题给你印象最深刻？往往这种时刻，团队成员都是面面相觑，哑口无言。报告翻完了，看完了，但是没有什么值得别人记忆的信息。这是为什么？传播学专家也告诉我们了，是因为你在报告编制的过程中，没有阅读者、利益相关方的参与。

90后、00后、10后是我们未来报告的读者，必须要关注他们所能接受的传播方式是什么。受众在改变，读者在成长，在更新换代。现在企业搞传播，必须要让利益相关方，也就是读者参与到企业的运营、管理和生产环节中来。让他能够提出自己的问题，发表自己的观点，传播才能致效，才能够有用，才能让读者从一个旁观者变成一个参与者，变成一个问题的解决者。

据说现在有的欧洲企业已经完全放弃了既有的报告标准，或者是说框架、议题设置，变成利益相关方提问，然后企业来回答，这个问答的过程就变成了社会责任报告，就像企业答一份问卷，这是向社会责任报告2.0阶段在迈进。

第三个现象，报告看完了，也记住了一点精彩的内容，但还是让人觉得不刺激、不精彩、不过瘾。这个跟当下整个社会的文化和习惯是有关的，在当下的中国，什么叫做快乐？快乐是被快感定义的。我们会发现社会责任报告不管怎么写，都没有电影《血战钢锯岭》好看。

我上学的时候，新闻采访是一门基本功课，一个学期学下来，走进考场答卷，名词解释、判断对错、简答题、论述题，答完交卷，这就算学完了，学会了。但到了毕业实习的时候，当我面对职业生涯中第一个真正意义上的采访对象，我发现我连嘴都张不开，我根本就没有学会新闻采访。我太太是我大学的同班同学，若干年后我问我太太：“你第一次采访是什么样的感受？”我太太说：“我第一次采访恨不得找一个地缝钻进去，事先准备的提纲一点儿用都没有，我根本不会新闻采访。”我说咱们俩一样。我太太现在在大学新闻系里教新闻采访课程，我们说要对学生负责，这个新闻采访课不能这么教了，必须要改革和创新，怎么改呢？新闻采访要采用介入式体验式的教学方式，比如说怎么教新闻发布会的记者提问？就让学生们开模拟的新闻发布会，一拨人扮演新闻发言人在台上说，余下同学扮演记者在台下提问，发布会开完了，提问就学会了。到期末，这门课取消卷面考试，每个同学交一份完整的人物专访，安排学生们去采访记者，提前体会一下这个职业的荣耀和艰辛，这样一来采访和写作都学会了。为什么要做出这样一个大胆的尝试？因为领会到了一个道理：真正的教育是体验，真正的传播是介入。所以社会责任报告到了3.0阶段，应该是由利益相关方来直接评价一个企业的履责行为和绩效，这些评价汇成一本报告，就是最真实、最平衡、最高境界的企业社会责任报告。

# CSR报告创新的秘诀

■ 程多生
中国企业社会责任报告评级专家委员会专家　中国企业联合会创新工作部主任

作为中国企业社会责任报告评级专家委员会专家，通过参与2016年中国企业社会责任评级工作，我一直在思考一个问题：社会责任报告是否还有创新的空间？我想还是有一些的，谈谈个人的看法和体会。

第一，很多企业已经是连续第八、第九年编写社会责任报告，有些2016年已经发布第十份了，在社会责任报告的形式和内容方面是否还能进行一些创新？不少企业今年与去年的报告在形式上基本是大同小异，只是在具体的内容上稍微有一点变化。我建议创新可以从两个方向进行考虑：

1.加强对社会责任的认识。在ISO26000社会责任指南、GB/T36000社会责任国家标准这两个标准中，强调比较多的是“社会责任的语境”，在编写社会责任报告的过程中，应该加强对社会责任语境的理解。中国企业从开始编制第一份社会责任报告到现在已经过去十多年了，报告内容一开始可能是求全求大，而现在需要加强对社会责任语境的理解，如何把公司领导的想法以及企业过去一年的工作用社会责任语境来梳理和总结，然后把它转变为社会责任报告的内容。中国社科院企业社会责任研究中心可以指导这方面的工作，可以引导和强化企业用社会责任的语言来编写社会责任报告。

2.加强对报告标题的创新。《中国电建印尼可持续发展报告》、《中国南方电网社会责任国别报告（老挝）》两份报告的内容并非大而全，但非常新颖。以后企业在编写报告的时候，是否可以考虑把社会责任报告叫做社会责任进展报告、社会责任沟通报告或利益相关方参与报告？这样再对过去一年中的责任实践进行梳理和总结时，可能会发现有更多、更具体的内容。

第二，报告评级方面，中国企业社会责任报告评级标准在2014年增加了对报告的过程性评估。目前，过程性评估可能重点是对企业编写报告的过程的评估。是否可以进行一些改进，即对评级企业履行社会责任的过程进行评估？具体可以从以下两个方向来考虑：

1.在现有报告评级的基础上，根据企业社会责任报告来对评级企业履行社会责任的整体现况进行评估，例如考察企业如何确立社会责任理念、怎样建立社会责任机制、如何开展社会责任议题识别、怎样制定社会责任计划以及把计划落实到具体的行动中。还可以增加过程性评估的实质性内容，如把社会责任标准、指南作为清单，用它去对照了解一下过去一年中企业在履行社会责任方面做了哪些工作。

2.开辟一项对社会责任进行鉴定的新业务。现在中国企业每年发布1700多份报告，2016年参与报告评级的报告有66份，所以建议对现有社会责任报告的过程性评估改为对企业履行社会责任的鉴定。基本做法可以根据企业发布的社会责任报告，到企业进行社会责任鉴定、审核，有利于进一步提升和推动报告评级工作，同时也可以将评级和鉴定两者结合在一起，在现有的基础上增加评级过程性的分量。

# 我参与2016报告评级的那些事

■ 刘卫华
中国企业社会责任报告评级专家委员会专家　中国企业公民委员会专职副会长

我谈谈参与2016报告评级的几点心得和感受：

第一点，作为一个中国社会责任报告评级专家委员会的专家参与2016年报告评级，这是一个学习的过程，一个观察的过程，也是一个感动的过程。因为通过参与报告评级，让我看到了很多的企业确实是在用商业的方式解决社会的问题。

第二点，报告评级究竟有没有用？我个人觉得非常有用，因为企业社会责任分为做和说两个方面。报告评级恰恰是能够让企业说得更好，进而引导企业做得更好。

第三点，《中国企业社会责任报告评级标准》非常科学，具有一定的独创性，也特别符合中国的国情。评级标准中的七个指标，即“过程性、实质性、完整性、平衡性、可比性、可读性、创新性”基本上涵盖了企业社会责任中重要的要素。

报告评级中的两个组织模式也比较好，一是企业在编写报告的过程中，通过报告评级的过程性评估这个环节，与企业面对面进行访谈和指导；二是报告评级的组织体系也很好，分为评级专家委员会、评级专家小组、过程性评估员三个评价主体，这是一个由众多专家和专业人员组成的专业性组织，当对某一个企业进行报告评级时，就挑选出对评级企业所在行业非常熟悉的专家进行点对点的评价，同时还有评级专家委员会秘书处的专业人员更细致地去协调推动报告评级工作。

至于报告评级的效果如何呢？我个人觉得通过报告评级推动了企业履行社会责任。我从事企业社会责任的十多年以来，真正看到了实实在在的变化：十多年前，知道和了解企业社会责任的人和企业寥寥无几，而今天，在政府部门、资本市场、社会组织、新闻媒体等多方力量的推动下，企业履行社会责任已经形成一种社会潮流和趋势。

当前企业每年发布的社会责任报告也存在一些问题。

第一，现在很多报告内容是只披露好的不披露坏的，只说成绩不说缺点，“报喜不报忧”的现象依然存在，在以后编写报告过程中应该有所注意。

第二，企业发布报告存在“断片”的现象，也就是说有的企业在第一次编写报告的时候，通过借助外部专家的指导，企业报告编写团队比较好地掌握了报告编写的方法，但在第二年编写报告过程中，未对内容进行再思考，可能只改几个数字就把报告发布了。经过数次这样编写报告之后，有的企业就会认为发布社会责任报告意义不大，对企业的经营管理也没有什么作用，因而也就出现了报告发布的“断片”现象。

第三，我觉得现在有的报告存在娱乐化的倾向，一些读者阅读报告可能更多地关注报告封面怎么样、图片怎么样；部分报告做得像画报一样，完全成为了企业的一种宣传材料，这样会背离和降低社会责任报告发布的初衷和作用。

《中国企业社会责任报告编写指南4.0》即将在2017年发布，希望报告评级标准继续坚持科学、公正、开放的原则，结合指南4.0把标准做得更好，使企业在编写报告的时候有一个具体的指导，同时促进企业从行动上履行社会责任。

# 首本《中资企业海外社会责任蓝皮书》在京发布

钟宏武 叶柳红 张蒽（著）

《中资企业海外社会责任蓝皮书（2016~2017）》是基于国家发展和改革委员会政策研究室《“一带一路”与海外社会责任》课题，对中资企业海外社会责任现状的系统研究，内容包括评价中资企业海外社会责任发展水平，辨析中资企业海外社会责任发展进程的阶段性特征，呈现中外资企业优秀海外社会责任案例，研究和借鉴韩国政府推动企业海外社会责任的机制，为中资企业海外运营提供参考，引导中资企业更好履行海外社会责任。《中资企业海外社会责任蓝皮书（2016~2017）》以100家“走出去”中资企业为样本，研究发现：

**1. 中资企业海外社会责任平均发展指数为25.67分，整体处于“起步者”阶段，六成企业得分低于20分，仍在“旁观”。**

中资企业海外社会责任发展指数为25.67分，整体处于“起步者”阶段。具体来看，有7家企业（占7%）的海外社会责任指数超过80分，处于“卓越者”阶段；有8家企业（占8%）的海外社会责任指数达到60分到80分之间，处于“领先者”阶段；有9家企业（占9%）的海外社会责任指数在40分到60分之间，处于“追赶者”阶段；有16家企业（占16%）的海外社会责任指数在20分到40分之间，处于“起步者”阶段；得分低于20分，处于“旁观者”阶段的企业数量最多，有60家（占60%），其中有26家企业（占26%）的海外社会责任发展指数得分为0，未主动披露任何海外社会责任信息。

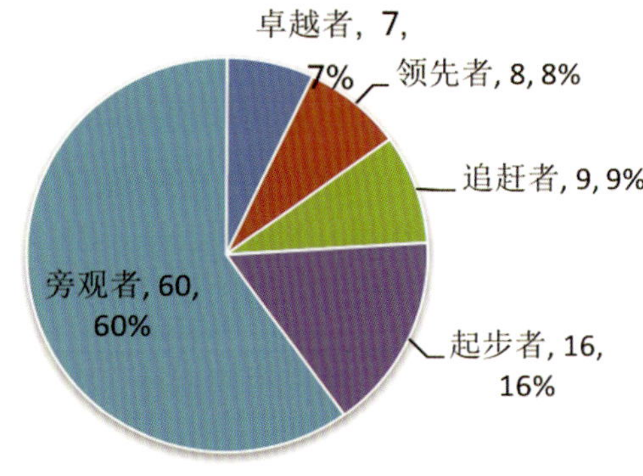


图1 2016年中资企业海外社会责任指数分布
（图注从左到右依次是发展阶段、企业数量、所占百分比）

海外社会责任指数超过80分的7家企业中，有5家中央企业和2家民营企业。由此可以看出，仅有少数企业能较为全面地披露海外社会责任信息，大多数中资企业社会责任信息披露水平不足，且处于较低的发展阶段。一方面反映出海外社会责任理念未能在

"走出去"的中资企业中形成广泛的传播和认同，多数企业并没有将海外社会责任纳入日常工作和经营管理；另一方面也反映出中资企业未能建立有效全面的海外社会责任管理和信息披露机制，信息披露不及时、不主动，与利益相关方缺乏及时有效的沟通。

**2.中央企业海外社会责任发展指数处于"追赶者"阶段，领先于其他国有企业（"旁观者"阶段）和民营企业（"起步者"阶段）。**

中央企业、其他国有企业和民营企业三类中资企业社会责任发展指数存在一定程度的差异性，其中，中央企业海外社会责任发展指数最高（42.77分），民营企业其次（20.93分），其他国有企业最低（7.90分）。相对来说，中央企业在海外开展业务时间更久，经验更加丰富，履行社会责任的意识更强。而民营企业海外社会责任的得分存在严重的不均衡，少数民营企业的海外社会责任表现优秀，在100家企业中名列前茅，但绝大部分民营企业的海外社会责任仍然处于"旁观"或"起步"阶段。在三类企业中，其他国有企业的海外社会责任发展水平最低，近90%处于"旁观"阶段，未采取任何方式披露社会责任信息。

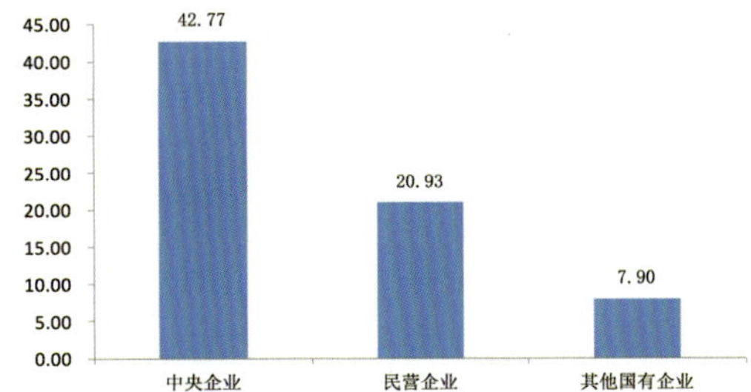


图2 不同性质中资企业海外社会责任发展指数（单位：分）

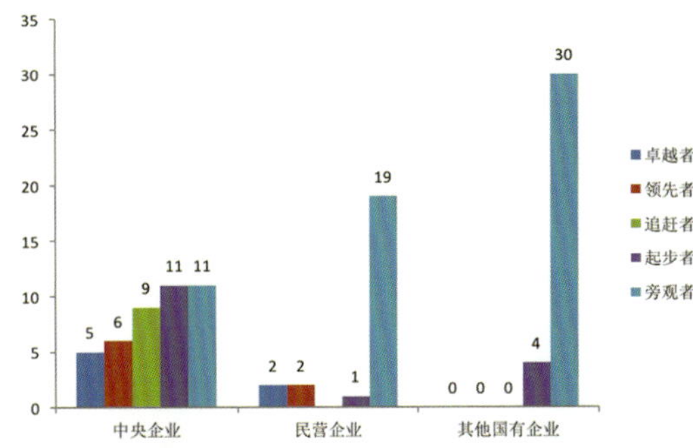


图3 不同性质中资企业海外社会责任发展阶段分布（单位：家）

**3. 不同行业中资企业的海外社会责任发展指数存在较大差异，建筑行业的企业表现最好，为49.92分，处于"追赶者"阶段，而批发贸易业表现较差，为0分，处于"旁观者"阶段。**

从中资企业所属行业看，不同行业的中资企业海外社会责任发展指数存在一定差异。总体看，建筑业、交通运输服务业的海外社会责任发展水平高于其他行业，此两个行业的社会责任发展指数分别为49.92分和42.00分，处于追赶者阶段，矿业（38.13分）、电力行业（32.60分）、制造业（23.07分）、信息传输和技术服务业（22.65分）的海外社会责任处于“起步者”阶段，房地产业（14.47分）、混业（14.06分）、其他服务业（2.43分）以及批发贸易业（0分）的海外社会责任发展水平处于“旁观者”水平。

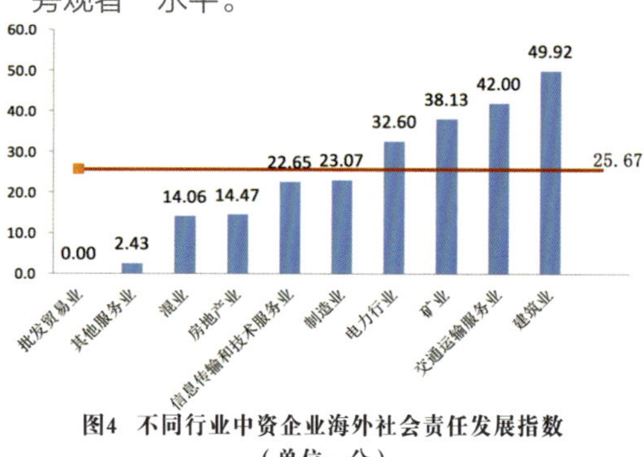


图4 不同行业中资企业海外社会责任发展指数（单位：分）

## 4. 中资企业海外责任管理略领先于责任实践。

海外企业社会责任包括责任管理和责任实践两大板块。2016年中资企业海外社会责任管理指数得分为30.00分，处于“起步者”阶段，责任实践指数得分为24.59分，处于“起步者”阶段，责任管理略微高于责任实践。其中，中央企业的责任管理指数（44.64分）高于民营企业（29.17分）和其他国有企业（12.50分）；中央企业的责任实践指数（42.30分）也高于民营企业（18.87分）和其他国有企业（6.75分）。

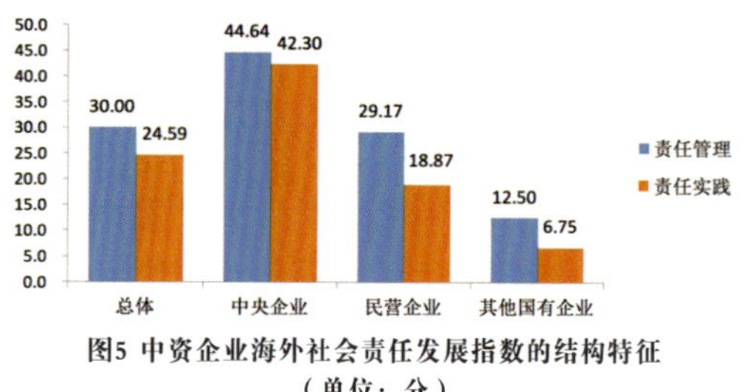


图5 中资企业海外社会责任发展指数的结构特征（单位：分）

## 5. 沟通渠道初步建成，发布国别报告成为沟通有效途径。

100家样本企业中，有66家企业的英文网站设置了社会责任专栏，其中中央企业35家，占中央企业分析样本的83.3%；其他国有企业16家，占其他国有企业分析样本的47.1%；民营企业15家，占民营企业分析样本的62.5%。

100家企业中，有10家企业发布了英文版或其他语种的社会责任国别报告或全球报告，其中6家为中央企业，4家为民营企业。

100家企业中，34家企业在英文版社会责任报告中设置了海外社会责任板块。其中中央企业28家，占中央企业分析样本的66.7%；其他国有企业1家，占其他国有企业分析样本的2.94%；民营企业5家，占民营企业分析样本的20.8%。

综合来看，超半数的企业在英文官方网站上设置了社会责任专栏；1/3以上的企业发布了英文版社会责任报告，并设置了海外社会责任板块；1/10的企业发布了国别报告或全球报告，中资企业海外社会责任传播渠道初步建立。在三类企业中，中央企业的海外责任沟通处于领先地位。

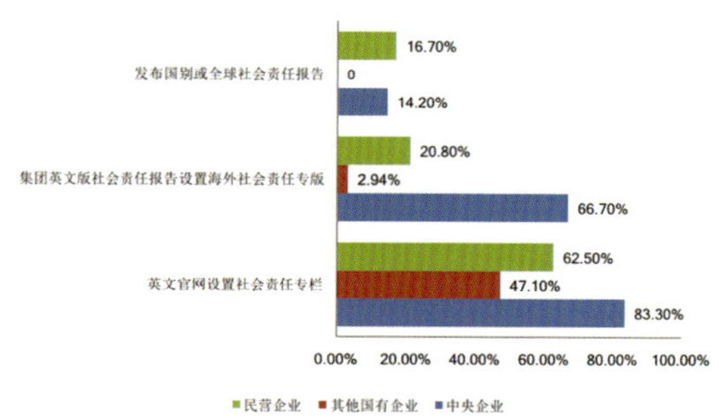


图6 中资企业海外社会责任沟通渠道建设情况

**已发布国别或全球社会责任/可持续发展报告的中资企业**

| 编号 | 公司 | 发布时间 | 国别 |
|---|---|---|---|
| 1 | *中兴通讯 | 2008-2015 | 全球 |
| 2 | *华为 | 2008-2015 | 全球 |
| 3 | | 2011 | 北美 |
| 4 | *联想 | 2009-2015 | 全球 |
| 5 | *中国中钢 | 2008 | 非洲 |
| 6 | | 2009 | 澳洲 |
| 7 | *中国石油 | 2009 | 哈萨克斯坦 |
| 8 | | 2010 | 苏丹 |
| 9 | | 2011 | 拉丁美洲 |
| 10 | | 2011 | 印度尼西亚 |
| 11 | *中国五矿 | 2011 | 澳洲 |
| 12 | *中国有色 | 2011 | 赞比亚 |
| 13 | | 2013 | 蒙古 |
| 14 | 万宝集团 | 2012 | 缅甸 |
| 15 | *中国石化 | 2012 | 巴西 |
| 16 | | 2013 | 非洲 |
| 17 | 中国电科 | 2013 | 海外 |
| 18 | *海航集团 | 2015 | 全球 |
| 19 | 国机集团 | 2015 | 海外 |
| 20 | *中国电建 | 2016 | 赞比亚 |

**注：加“*”的企业属于本次研究样本内的企业**

**6. 中资企业在披露议题方面差异性较小，无论是中央企业、其他国有企业还是民营企业，都倾向于披露负责任的消费和生产以及伙伴关系。**

整体看，中资企业对海外社会责任议题的重视程度从高到低依次为：负责任的消费和生产，促进目标实现的伙伴关系，工业、创新和基础设施，优质教育，体面工作和经济增长，良好健康与福祉，廉价和清洁能源，消除贫困，可持续城市和社区，清洁饮水与卫生设施，缩小差距，陆地生物，消除饥饿，性别平等，气候行动，和平、正义与强大机构，水下生物。

中资企业对负责任的消费和生产、促进目标实现的伙伴关系的关注度程度最高，而对和平、正义与强大机构及水下生物等议题关注度较低。究其原因，海外市场竞争性较强，中资企业通过负责任的消费和生产，促进目标实现的伙伴关系来降低经营风险，塑造良好的品牌形象。但同时也反映出，中资企业社会责任发展整体水平较低，责任管理不完善，对于许多议题关注程度不够、履责实践较弱、责任沟通不足。

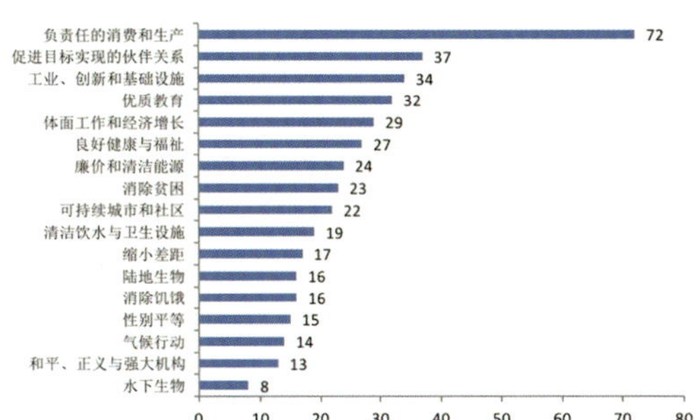


**图7 中资企业在SDGs17项目标中的总体表现（单位：家）**

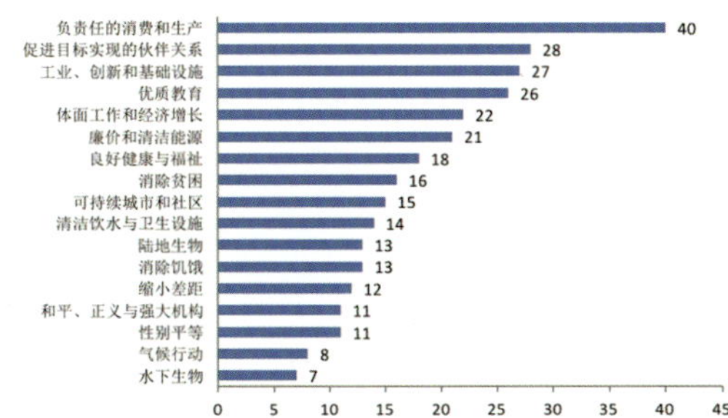


**图8 中央企业在SDGs17项目标中的总体表现（单位：家）**

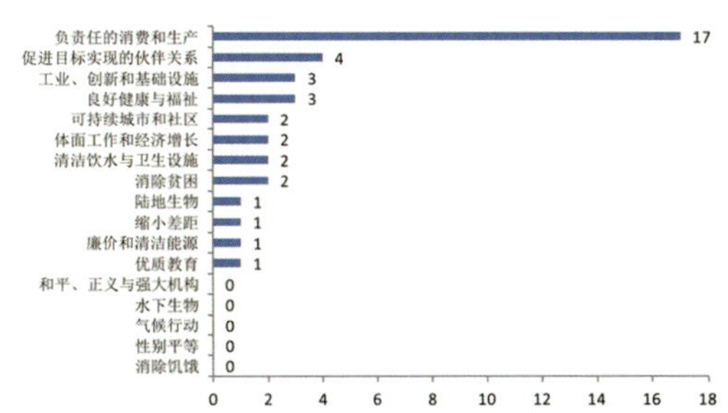


**图9 其他国有企业在SDGs17项目标中的总体表现（单位：家）**

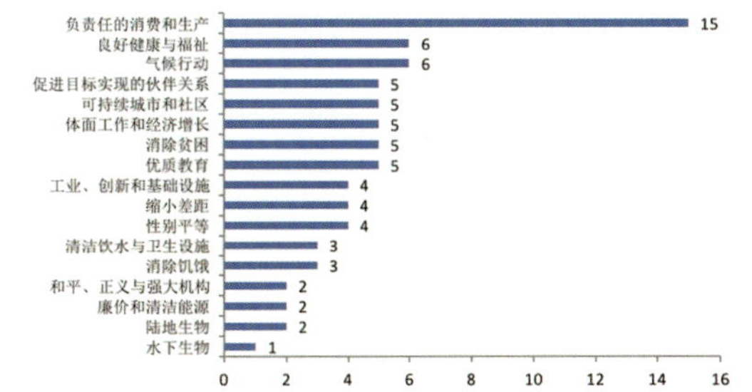


**图10 民营企业在SDGs17项目标中的总体表现（单位：家）**

# 附：中资企业海外社会责任发展指数（2016）总排名

| 排名 | 企业名称 | 企业性质 | 得分 | 排名 | 企业名称 | 企业性质 | 得分 |
|---|---|---|---|---|---|---|---|
| 1 | 华为技术有限公司 | 民营企业 | 95.29 | 27 | 中国长江三峡集团公司 | 中央企业 | 37.94 |
| 1 | 中国石油天然气集团公司 | 中央企业 | 95.29 | 28 | 中国联合网络通信集团有限公司 | 中央企业 | 33.53 |
| 1 | 海航集团有限公司 | 民营企业 | 95.29 | 28 | 中国东方航空集团公司 | 中央企业 | 33.53 |
| 4 | 中国有色矿业集团有限公司 | 中央企业 | 90.59 | 30 | 兖州煤业股份有限公司 | 其他国有企业 | 33.24 |
| 5 | 中国电力建设集团有限公司 | 中央企业 | 90.29 | 30 | 国家电力投资集团公司 | 中央企业 | 33.24 |
| 6 | 中国海洋石油总公司 | 中央企业 | 90.00 | 32 | 宝钢集团有限公司 | 中央企业 | 28.82 |
| 7 | 中国五矿集团公司 | 中央企业 | 85.88 | 33 | 安徽省外经建设（集团）有限公司 | 其他国有企业 | 28.53 |
| 8 | 中兴通讯股份有限公司 | 民营企业 | 76.47 | 33 | 北京控股集团有限公司 | 其他国有企业 | 28.53 |
| 9 | 联想控股有限公司 | 民营企业 | 71.76 | 33 | 中国兵器工业集团公司 | 中央企业 | 28.53 |
| 9 | 中国石油化工集团公司 | 中央企业 | 71.76 | 36 | 中国华能集团公司 | 中央企业 | 24.12 |
| 11 | 中国中钢集团公司 | 中央企业 | 66.76 | 36 | 中国黄金集团公司 | 中央企业 | 24.12 |
| 12 | 中国中化集团公司 | 中央企业 | 66.47 | 38 | 中国中信集团有限公司 | 其他国有企业 | 23.82 |
| 13 | 中国远洋海运集团总公司 | 中央企业 | 61.76 | 38 | 中国国电集团公司 | 中央企业 | 23.82 |
| 13 | 中国交通建设集团公司 | 中央企业 | 61.76 | 38 | 海尔集团电器产业有限公司 | 民营企业 | 23.82 |
| 13 | 中国铁道建筑总公司 | 中央企业 | 61.76 | 41 | 中国船舶工业集团公司 | 中央企业 | 19.41 |
| 16 | 国家电网公司 | 中央企业 | 57.06 | 41 | 万科企业股份有限公司 | 民营企业 | 19.41 |
| 16 | 中国移动通信集团公司 | 中央企业 | 57.06 | 43 | 大连万达集团股份有限公司 | 民营企业 | 19.12 |
| 18 | 中国航空工业集团公司 | 中央企业 | 56.76 | 43 | 复星国际有限公司 | 民营企业 | 19.12 |
| 18 | 中国节能环保集团公司 | 中央企业 | 56.76 | 43 | 中国航天科技集团公司 | 中央企业 | 19.12 |
| 20 | 中国铁路工程总公司 | 中央企业 | 52.35 | 46 | 中国铝业公司 | 中央企业 | 18.82 |
| 20 | 中国建筑工程总公司 | 中央企业 | 52.35 | 47 | 珠海格力电器股份有限公司 | 民营企业 | 14.41 |
| 22 | 中国电子信息产业集团有限公司 | 中央企业 | 52.06 | 47 | 中国广核集团有限公司 | 中央企业 | 14.41 |
| 23 | 武汉钢铁（集团）公司 | 中央企业 | 42.94 | 47 | 中粮集团有限公司 | 中央企业 | 14.41 |
| 23 | 中国华电集团公司 | 中央企业 | 42.94 | 47 | 海信集团有限公司 | 其他国有企业 | 14.41 |
| 25 | 中国化工集团公司 | 中央企业 | 38.24 | 47 | 恒大集团有限公司 | 民营企业 | 14.41 |
| 25 | 中国建材集团有限公司 | 中央企业 | 38.24 | 47 | 青建集团股份公司 | 其他国有企业 | 14.41 |

（续表）

| 排名 | 企业名称 | 企业性质 | 得分 | 排名 | 企业名称 | 企业性质 | 得分 |
|---|---|---|---|---|---|---|---|
| 47 | 紫金矿业集团股份有限公司 | 其他国有企业 | 14.41 | 75 | 湖南华菱钢铁集团有限责任公司 | 民营企业 | 0.00 |
| 47 | 招商局集团有限公司 | 中央企业 | 14.41 | 75 | 金龙精密铜管集团股份有限公司 | 民营企业 | 0.00 |
| 47 | 广东粤海控股集团有限公司 | 其他国有企业 | 14.41 | 75 | 美的集团股份有限公司 | 民营企业 | 0.00 |
| 47 | 三一重工股份有限公司 | 民营企业 | 14.41 | 75 | 宁波杉杉股份有限公司 | 民营企业 | 0.00 |
| 57 | TCL集团股份有限公司 | 民营企业 | 9.71 | 75 | 山东祥光集团有限公司 | 民营企业 | 0.00 |
| 57 | 方正集团有限公司 | 其他国有企业 | 9.71 | 75 | 上海吉利兆圆国际投资有限公司 | 民营企业 | 0.00 |
| 57 | 金川集团股份有限公司 | 其他国有企业 | 9.71 | 75 | 万向集团公司 | 民营企业 | 0.00 |
| 57 | 绿地集团有限公司 | 其他国有企业 | 9.71 | 75 | 烟台新益投资有限公司 | 民营企业 | 0.00 |
| 57 | 厦门建发股份有限公司 | 其他国有企业 | 9.71 | 75 | 渤海钢铁集团有限公司 | 其他国有企业 | 0.00 |
| 57 | 深业集团有限公司 | 其他国有企业 | 9.71 | 75 | 大冶有色金属公司 | 其他国有企业 | 0.00 |
| 57 | 太原钢铁（集团）有限公司 | 其他国有企业 | 9.71 | 75 | 广东省广新控股集团有限公司 | 其他国有企业 | 0.00 |
| 57 | 潍柴动力股份有限公司 | 其他国有企业 | 9.71 | 75 | 杭州热联集团股份有限公司 | 其他国有企业 | 0.00 |
| 57 | 广州越秀集团有限公司 | 其他国有企业 | 9.71 | 75 | 冀中能源集团有限责任公司 | 其他国有企业 | 0.00 |
| 57 | 中国国际海运集装箱（集团）股份有限公司 | 其他国有企业 | 9.71 | 75 | 九三粮油工业集团有限公司 | 其他国有企业 | 0.00 |
| 57 | 华润（集团）公司 | 中央企业 | 9.71 | 75 | 山东钢铁集团有限公司 | 其他国有企业 | 0.00 |
| 57 | 中国保利集团公司 | 中央企业 | 9.71 | 75 | 山东能源集团有限公司 | 其他国有企业 | 0.00 |
| 57 | 中国旅游集团公司 | 中央企业 | 9.71 | 75 | 首钢总公司 | 其他国有企业 | 0.00 |
| 57 | 中国航空集团公司 | 中央企业 | 9.71 | 75 | 四川长虹电器股份有限公司 | 其他国有企业 | 0.00 |
| 57 | 江苏沙钢集团有限公司 | 民营企业 | 9.71 | 75 | 天津物产集团有限公司 | 其他国有企业 | 0.00 |
| 57 | 华岳集团有限公司 | 民营企业 | 9.71 | 75 | 同方股份有限公司 | 其他国有企业 | 0.00 |
| 57 | 山东大海集团有限公司 | 民营企业 | 9.71 | 75 | 瓮福（集团）有限责任公司 | 其他国有企业 | 0.00 |
| 74 | 中国重型汽车集团有限公司 | 其他国有企业 | 9.41 | 75 | 云南铜业（集团）有限责任公司 | 其他国有企业 | 0.00 |
| 75 | 深圳市中金岭南有色金属股份有限公司 | 其他国有企业 | 0.00 | 75 | 紫光股份有限公司 | 其他国有企业 | 0.00 |
| 75 | 光明食品（集团）有限公司 | 民营企业 | 0.00 | 75 | 中国国新控股有限责任公司 | 中央企业 | 0.00 |

# 中资企业海外社会责任十大事件

来源：《中资企业海外社会责任蓝皮书（2016~2017）》

## 第一部社会责任影像志《中国电建在赞比亚》

2016年1月10日，国内首部海外社会责任影像志——《中国电建在赞比亚》在第二届分享责任年会暨“一带一路”与海外企业社会责任报告会上举办了首映仪式。影片采用志、视、听相结合的方式，通过实地拍摄，生动地记录了中国电力建设集团有限公司在赞比亚打造精品工程，积极融入当地，推动当地发展的典型案例，开创了中国企业海外社会责任传播的新方式。

## 第一份国别报告《中钢集团可持续发展非洲报告》

2008年10月24日，中国中钢集团公司发布了《中钢集团可持续发展非洲报告》，这是中国企业面向非洲地区发布的首份可持续发展报告，也是中国企业首次发布的海外社会责任报告。报告不仅展示了中钢集团在非洲社会责任工作的成效，树立了良好的国际品牌形象，也开创了中国企业海外社会责任工作的先河，为中国企业更好地“走出去”提供了借鉴。

## 第一个海外培训中心 “中国石化沙特培训中心”

中国石化于2008年在沙特成立的中国石化沙特培训中心，占地13万平方米，主要包括教室、学员宿舍、办公室、实物教具展示区、祈祷室、运动健身场等设施，培训对象主要为沙籍员工，分为初、中、高三个层次，培训内容包括安全知识、钻井专业知识、英语培训等方面，既增强了中国石化沙特项目的队伍实力，也为沙特当地的发展建设作出贡献。截至2015年，共举办各类培训班522期，培训沙特籍员工2754人，印巴等其他穆斯林国籍员工3730人，为沙特残疾人协会解决了20名残疾人的劳动就业。

## 第一个在海外的希望小学 “南方电网那磨希望小学”

2015年，中国南方电网云南国际公司投资捐建老挝那磨县CSG小学，并于2016年3月11日正式无偿移交乌多姆塞省教育与体育厅使用，学校建筑面积523平方米，共有教室9间、足球场1个，能同时满足160名学生就学，有效解决当地适龄儿童上学问题。老挝乌多姆塞省教育与体育厅、那磨县政府、老挝国家电力公司盛赞南方电网云南国际公司以实实在在的行动，真正做到通过项目建设惠及当地、造福民众，切实体现了“万家灯火、中老情深”的项目精神。

## 第一个海外友谊村“中国印尼友谊村”

中国印尼友谊村是2004年印度洋海啸后中国政府利用民间捐款为亚齐灾民修建的新家园。中国·印尼友谊村是中国民间帮助印尼灾后重建，援建的建设规模最大的项目。由中华慈善总会和中国红十字会募资，中国电建集团承建，占地22.9公顷，建有606套标准砖混结构住房和各种配套设施。中国电建在施工建设中全部采用钢筋混凝土结构，最大限度地提升房屋在安全、抗震、隔热方面的质量标准。为此，印尼亚齐-尼亚斯重建委员会特别授予中国电建中国印尼友谊村项目“亚齐重建特别贡献奖”，并被当地媒体评价为“花园式的住宅区”。

## 海外最大的绿色炼油厂“中国石油苏丹喀土穆炼油厂”

喀土穆炼油有限公司是中国石油天然气集团公司(CNPC)与苏丹能矿部(Ministry of Energy & Mining)合资建设的苏丹境内第一个以现代化炼油厂为主体的合资公司。中国石油在苏丹投资建成世界最大的生物降解污水处理工程，实现生产污水零排放，为当地灌溉了百万亩经济林，极大地改善了当地生态环境，荣获苏丹能矿部颁发的2007年度环保优秀奖等多项荣誉。十多年来，中石油在苏丹项目开展过程中，未发生过任何重大污染事故，废气、废水和固体废物排放皆达到当地和国际环保机构的排放标准。

## 走向世界的医疗援助“海航集团光明行”

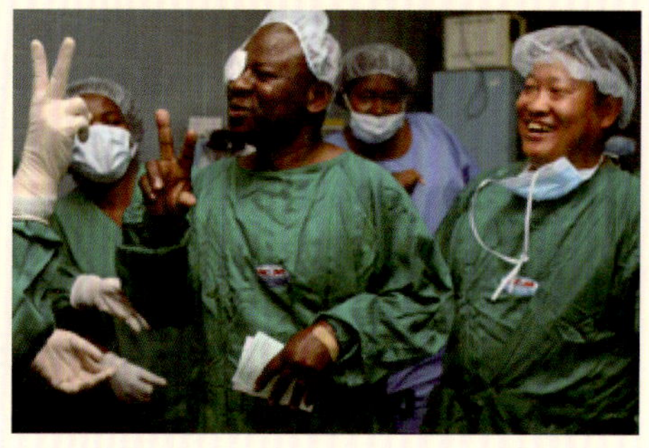

海航集团自2004年7月在青海正式启动“海航——青藏高原光明行”活动以来，与全国防盲技术指导组、北京同仁医院一起，先后在青海、四川、甘肃、湖北等地为6000余贫困白内障患者进行了复明治疗。2010年11月以来，“海航光明行”从中国走向世界，为津巴布韦、马拉维当地1000余名非洲白内障患者实施免费复明手术。2012年9月23日，联合国“南南奖”颁奖仪式在美国纽约举行，海航因连续8年开展光明行活动，荣膺“南南奖-企业社会责任奖”。

## 以教育创造机会 “华为未来种子”

“未来种子”（Seeds for the future）是华为全球CSR旗舰项目，是华为在全球投入最大，并将长期持续投入的CSR活动。该项目自2008年发起，以培养本地ICT人才，推动技术转移和电信行业的发展为目的，并鼓励各国家及地区参与到建立数字化社区的工作中。七年来，“未来种子”项目已在五大洲67个国家和地区撒下希望的种子，全球150多所高校的15,000余名学生从中受益，已有1700多名来自全球各地的优秀大学生来到华为总部参观和学习。

## 模范履责，助力项目成功运营 “中国五矿秘鲁邦巴斯项目”

邦巴斯（LAS BAMBAS）项目位于秘鲁中南部，是目前全球最大的铜矿开发项目。在开发邦巴斯项目的同时，中国五矿将项目的社会责任投资视为企业经营的重要位置，积极融入当地，支持当地发展，践行社会责任，为邦巴斯项目成功运营提供了坚实的保障。为了使搬迁后的家庭及其后代恢复并提高生活水平，中国五矿制定了“生活恢复计划（LRP）”，确保各家各户在以下五个方面享有优先权利：能力建设、收入保障（就业/业务发展）、自然资源、健康和教育。2015年，邦巴斯项目为新弗拉邦巴镇社区制定了具体的发展计划，共涉及健康、教育、土地、畜牧、农业、就业、经济发展、弱势群体扶持、自然资源、组织强化、能力建设、教育基础设施和卫生等13个优先领域。新弗拉邦巴小镇的投资兴建和对当地居民的妥善安置在当地被评价为是秘鲁铜矿业开发史上的一个里程碑，是企业与社区之间相互理解和支持的最佳实践案例。

## 非洲第一个中国医院 “中赞友谊医院”

中赞友谊医院由中国有色集团投资经营，是非洲大陆上唯一由中国人自主经营的医院，已成长为赞比亚第二大医院。中赞友谊医院的前身是20世纪30年代始建的恩卡纳矿山医院，2000年前后由中国有色集团收购并以中赞友谊医院的名字正式投入使用，目前为赞比亚医疗设施最先进、服务最优质的医院。中赞友谊医院汇集了来自中国、赞比亚、印度和斯里兰卡等国的110余名医务工作者，日门诊量180多人次，服务人群近4万人，在当地急救、艾滋病和结核病防治、疫苗接种等方面起到了关键作用。在所有在赞医疗机构中，中赞友谊医院的收费最低，在服务好中资企业的同时，尽可能地为当地人民造福。

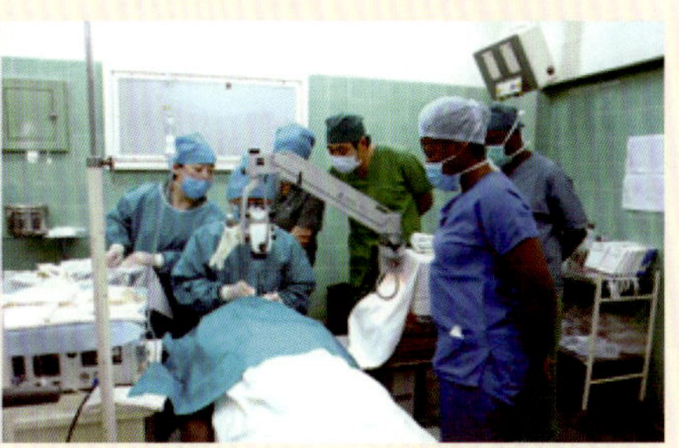

# 2016中国CSR百大事件，有“你”吗？
## ——《中国企业社会责任年鉴（2016）》发布

钟宏武 魏紫川 魏秀丽 马燕等（著）

2016年是“十三五”规划的开局之年。在“创新、协调、绿色、开放、共享”五大发展理念的引领下，各级政府、社会团体、研究机构、媒体等多方力量共同推动企业社会责任的发展，为我国经济社会可持续发展注入新动能、新动力。课题组从2016年度企业社会责任的政策及倡议、评价、企业、人物等十个方面梳理出100个具有里程碑意义的事件和人物，共同见证责任成长。

### 一、十大责任政策及倡议

2016年，党中央、各级政府、行业协会审时度势，出台相应政策，推进我国企业社会责任实践。

| 序号 | 部门（机构） | 责任政策及倡议 |
|---|---|---|
| 1 | 国务院国资委 | 《关于国有企业更好履行社会责任的指导意见》 |
| 2 | 香港联合交易所 | 《环境、社会及管治报告指引》（修订版） |
| 3 | 全国人大 | 《中华人民共和国慈善法》 |
| 4 | 国家发改委等部门 | 《关于促进绿色消费的指导意见》 |
| 5 | 中国人民银行等七部委 | 《关于构建绿色金融体系的指导意见》 |
| 6 | 中星责任云等机构 | 《中国企业社会责任报告编写指南(China—CSR4.0)》修编 |
| 7 | 国务院 | 《“十三五”控制温室气体排放工作方案》 |
| 8 | 北京市国资委 | 《关于市属国企履行社会责任的指导意见》 |
| 9 | 全国人大 | 《中华人民共和国网络安全法》 |
| 10 | 国务院 | 《中国落实2030年可持续发展议程创新示范区建设方案》 |

## 二、十大责任评价

2016年，政府部门、科研机构、媒体、行业协会等纷纷举办社会责任评价活动，评选优秀企业，发挥示范作用。

| 序号 | 机 构 | 责 任 评 价 |
|---|---|---|
| 1 | 中国社科院企业社会责任研究中心 | 连续第八年发布《企业社会责任蓝皮书》，首发“中国省域国有企业社会责任发展指数”和《汽车企业社会责任蓝皮书》 |
| 2 | 国家民政部 | 第九届中华慈善奖 |
| 3 | 中国企业社会责任报告评级专家委员会 | 2016年中国企业社会责任报告评级 |
| 4 | 中国工业经济联合会 | 2016第三届中国工业企业履责星级评价 |
| 5 | 中国扶贫基金会 | 2015年度捐赠人大会颁发“年度突出贡献奖” |
| 6 | 《WTO经济导刊》杂志社 | 2015金蜜蜂企业社会责任·中国榜 |
| 7 | 新华网 | 2016中国社会责任公益盛典 |
| 8 | 人民网 | 第十届人民企业社会责任奖 |
| 9 | 中国新闻周刊 | 2016责任中国荣誉盛典 |
| 10 | 《南方周末》 | 2015中国企业社会责任榜 |

## 三、十大责任经理

2016年，企业社会责任领域涌现出众多优秀的责任经理，他们用超越一般工作的激情，在所在岗位创造出非凡的业绩。

| 序号 | 责任经理 | 企 业 | 责 任 业 绩 |
|---|---|---|---|
| 1 | 孙贵峰 | 中国三星 | 支持“首席责任官”计划，推动社会责任行业人才培训 |
| 2 | 周泉生 | 中国石化 | 推出央企首份精准扶贫白皮书——《中国石化精准扶贫白皮书（2002-2016）》 |
| 3 | 罗欣 | 中国华电 | 推出央企首份温室气体排放报告 ——《中国华电“十二五”温室气体排放白皮书》 |
| 4 | 薛宇伟 | 中国南方电网 | 推出中国南方电网“十三五”社会责任专项规划 |
| 5 | 曹雪森 | 中国民生银行 | 推出“我决定民生爱的力量——ME公益创新资助计划” |
| 6 | 金英 | 现代汽车（中国） | 推动现代汽车社会责任从“0”到“1”的转变，社会责任融合持续深化，社会责任发展指数位列中国汽车行业第一 |
| 7 | 王爱强 | 松下电器（中国） | 标准先行，管理融入，匠心打造责任松下 |
| 8 | 汪波 | 东风汽车 | 持续推进“润”计划实施，战略引领实践，东风汽车社会责任发展指数实现从“追赶者”到“领先者”，最终迈入“卓越者”的三级跳 |
| 9 | 吴福顺 | 蒙牛 | 支持开展"有你最美"项目，推动乡村教育发展 |
| 10 | 阮仕俊 | 中煤集团 | 拓展“全产业链社会责任路径”，构建社会责任管理“三融模式” |

## 四、十大责任品牌

品牌是企业的灵魂。企业社会责任的注入给予品牌更加深厚的内涵与积淀，助力提升企业软实力和美誉度。

| 序号 | 企业 | 责任品牌 |
|---|---|---|
| 1 | 中国华电 | 中国华电 度度关爱 |
| 2 | 中国石化 | 为美好生活加油 |
| 3 | 中国南方电网 | 万家灯火 南网情深 |
| 4 | 阿里巴巴 | 让天下没有难做的生意 |
| 5 | 中国民生银行 | 服务大众 情系民生 |
| 6 | 神华集团 | 让能源清洁 让生活改变 |
| 7 | 中国建筑 | 拓展幸福空间 |
| 8 | 东风汽车 | 东风化雨 润泽四方 |
| 9 | 中国一汽 | 人·车·社会和谐发展 |
| 10 | 松下电器（中国） | 企业是社会的公器 |

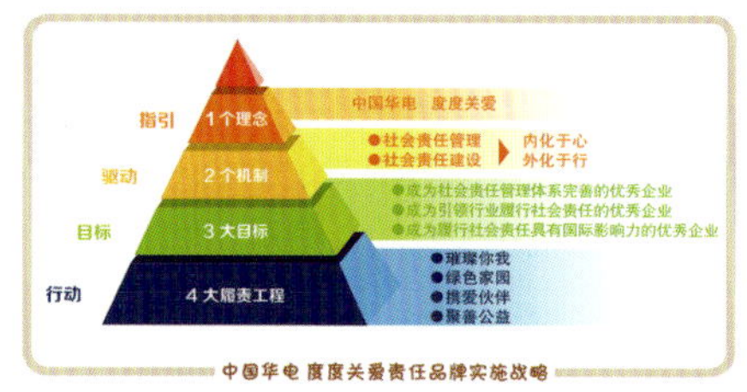


中国华电 度度关爱责任品牌实施战略

## 五、十大责任报告

2016年，多家企业与组织发布社会责任报告或专项报告，披露责任管理与实践，回应利益相关方诉求，提升企业运营透明度。

| 序号 | 企业 | 责任报告 |
|---|---|---|
| 1 | 中国石化 | 《中国石化精准扶贫白皮书(2002-2016》 |
| 2 | 中国电建 | 《中国电建赞比亚可持续发展报告》 |
| 3 | 国家电网 | 《国家电网公司促进新能源发展白皮书(2016)》 |
| 4 | 中国南方电网 | 《2015年绿色发展报告》 |
| 5 | 中国华电 | 《中国华电“十二五”温室气体排放白皮书》 |
| 6 | 阿里巴巴 | 《众益时代——阿里巴巴公益报告》 |
| 7 | 现代汽车（中国） | 《2015现代汽车集团（中国）社会贡献活动白皮书》 |
| 8 | 中国三星 | 《中国三星公益项目综合评估》 |
| 9 | 海航集团等12家单位 | 《2016绿色航空白皮书》 |
| 10 | 2016中国绿色建筑产业链主题峰会 | 《2016年度中国绿色地产发展报告》 |

## 六、十大公益项目

企业是推动公益事业发展的重要力量，一批企业耕耘多年，形成了有影响力的品牌项目，成为企业社会责任领域的一面旗帜。

| 序号 | 企业 | 公益项目 |
|---|---|---|
| 1 | 中国民生银行 | 我决定民生爱的力量——ME公益创新资助计划 |
| 2 | 华润（集团） | 希望小镇 |
| 3 | 中国三星 | 希望工程 |
| 4 | 现代汽车（中国） | 荒漠化防治——内蒙古盐碱干湖盆治理荒漠化 |
| 5 | 中国移动 | 蓝色梦想——中国移动教育捐助计划 |
| 6 | 英特尔（中国） | 创客创未来 |
| 7 | 可口可乐（中国） | 水资源保护——人工湿地 |
| 8 | 福特汽车（中国） | 福特汽车环保奖 |
| 9 | 佳能（中国） | 影像发现丝路之美 |
| 10 | 中兴通讯 | 关爱滇西抗战老兵 |

我决定民生爱的力量
——ME公益创新资助计划

## 七、十大责任创新

创新是可持续发展的源泉。多家企业与组织从责任管理、责任沟通与传播等方面积极创新，为社会责任工作提供新理念、新思路、新方法。

| 序号 | 企业（组织） | 责任创新 |
|---|---|---|
| 1 | 中国电建 | 首部社会责任影像志——《中国电建在赞比亚》 |
| 2 | 国务院国资委、财政部、国务院扶贫办等 | 中央企业贫困地区产业投资基金 |
| 3 | 中国社会责任百人论坛等 | 中国社会责任百人论坛 |
| 4 | 中铝公司 | 《社会责任融入管理“五步法”指南》 |
| 5 | 东风汽车 | 社会责任“润”计划2.0 |
| 6 | 阿里巴巴 | 首届全球XIN公益大会 |
| 7 | 腾讯公益 | 99公益日，腾讯公益配捐总额达到1亿9999万元，让“指尖公益”成为全民热潮 |
| 8 | 中国石化 | 《中国石化精准扶贫白皮书(2002-2016）》 |
| 9 | 中国华电 | 《中国华电“十二五”温室气体排放白皮书》 |
| 10 | 欧莱雅 | 《“美丽事业 美好人生”公益蓝皮书》 |

**国企、民企、外企是履行企业社会责任的主力军，书写着各自的责任故事，为促进企业和自然环境、人类社会的共同发展做出不懈努力。他们有一个共同的名字：责任典范企业。**

## 八、十大责任国企

| 序号 | 企业名称 |
|---|---|
| 1 | 中国南方电网有限责任公司 |
| 2 | 中国石油化工集团公司 |
| 3 | 中国移动通信集团公司 |
| 4 | 中国华电集团公司 |
| 5 | 华润（集团）有限公司 |
| 6 | 东风汽车公司 |
| 7 | 中国电力建设集团有限公司 |
| 8 | 神华集团有限责任公司 |
| 9 | 中国电子信息产业集团有限公司 |
| 10 | 中国黄金集团公司 |

## 九、十大责任民企

| 序号 | 企业名称 |
|---|---|
| 1 | 华为投资控股有限公司 |
| 2 | 阿里巴巴集团控股有限公司 |
| 3 | 中国民生银行股份有限公司 |
| 4 | 中兴通讯股份有限公司 |
| 5 | 海航集团有限公司 |
| 6 | 中国平安保险（集团）股份有限公司 |
| 7 | 苏宁云商集团股份有限公司 |
| 8 | 浙江吉利控股集团有限公司 |
| 9 | 华夏幸福基业股份有限公司 |
| 10 | 比亚迪股份有限公司 |

## 十、十大责任外企

| 序号 | 企业名称 |
|---|---|
| 1 | 现代汽车（中国）投资有限公司 |
| 2 | LG中国【LG电子（中国）投资有限公司、LG化学（中国）投资有限公司】 |
| 3 | 英特尔（中国）有限公司 |
| 4 | 松下电器（中国）有限公司 |
| 5 | 台达集团 |
| 6 | 浦项（中国）投资有限公司 |
| 7 | 佳能（中国）有限公司 |
| 8 | 索尼（中国）有限公司 |
| 9 | 东芝（中国）有限公司 |
| 10 | 欧莱雅（中国）有限公司 |

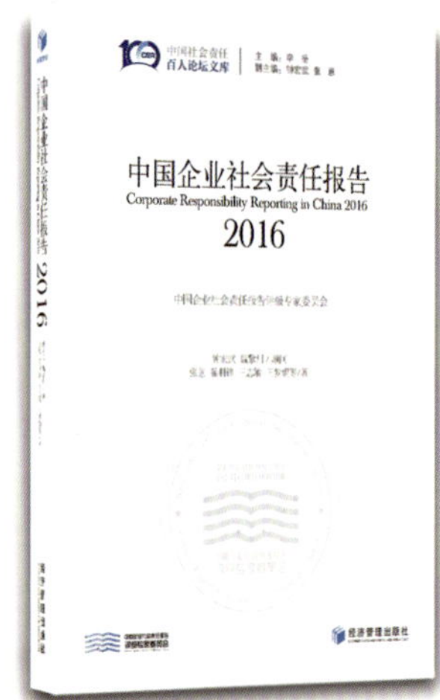


# 2016CSR报告八大发现：数字背后的履责实践

张蒽 翟利峰 王志敏 王梦娟等（著）

《中国企业社会责任报告（2016）》对2016年中国企业发布的社会责任报告进行全面和系统的研究，分析出了我国企业社会责任报告发展的阶段性特征，为持续推动中国企业社会责任报告提供了重要的基准性参考。

《中国企业社会责任报告（2016）》八大发现：

## 发现一 2016年报告数量达1710份，数量持续增长但增速明显放缓。

2016年，在我国政府、资本市场、行业协会等多方力量的推动下，中国企业社会责任报告数量持续增长，由2015年的1703份增至1710份，同比增长0.4%，报告发布态势与上年基本持平。

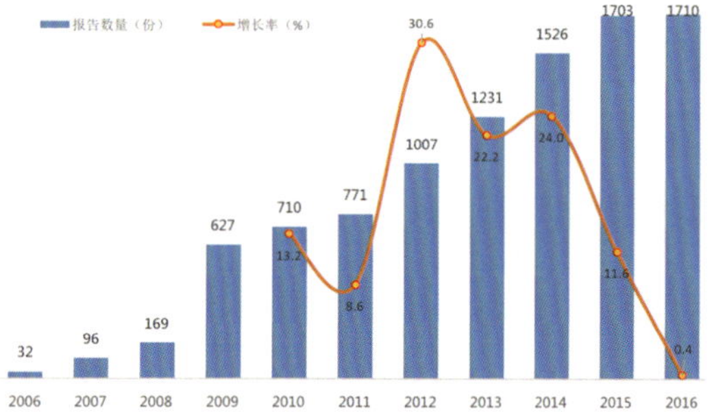


图1 社会责任报告数量年度变化

## 发现二 国有企业、上市公司为报告发布主力军。

从不同性质企业社会责任报告发布情况来看，2016年，国有企业共发布682份社会责任报告，占报告总数的57.6%；民营企业共发布398份报告，占比33.6%；外资企业发布数量最少，仅103份，占比8.7%。六年来，国有企业报告发布数量持续领先于民营企业、外资企业，为我国企业社会责任报告的主力军。

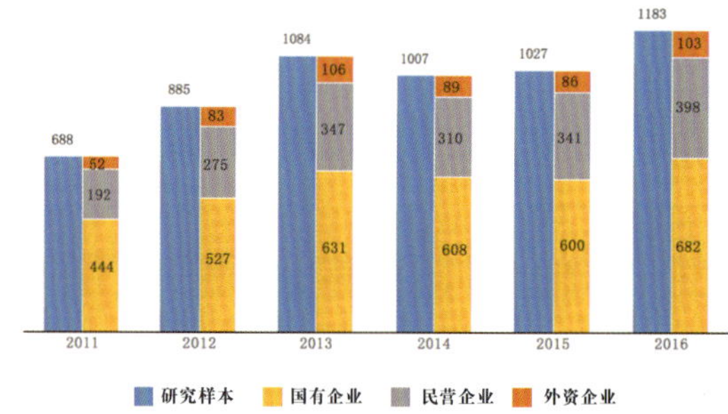


图2 2011-2016年不同性质企业社会责任报告发布情况

从企业上市情况分析来看，2016年，1183家企业中有851家为上市公司，占企业总数的71.9%。其中463家企业于上交所上市，占比54.4%，326家企业于深交所上市，116家企业于香港交易所上市，28家企业在海外上市。三年来，上交所上市公司发布报告数量持续领先于深交所、港交所。

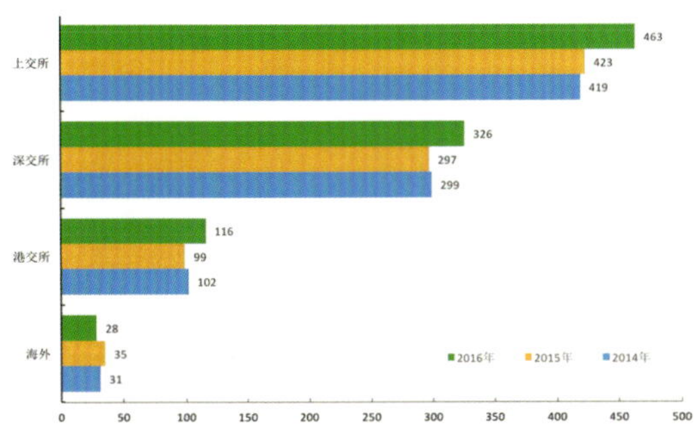


图3 2014-2016年不同上市地点企业分布情况

## 发现三 东部报告多于中、西部，北上广报告数量位居前三。

从报告发布企业的地区分布来看，东部、中部、西部三个地区的企业报告数量差异较为显著，东部地区企业报告发布数量远超中、西部地区企业。具体来说，总部位于东部发达地区的企业发布报告数量最多，达787份，占比70.6%，其中北京、广东、上海三地共发布463份社会责任报告，占比41.5%，构成了我国企业社会责任报告发布的主体。

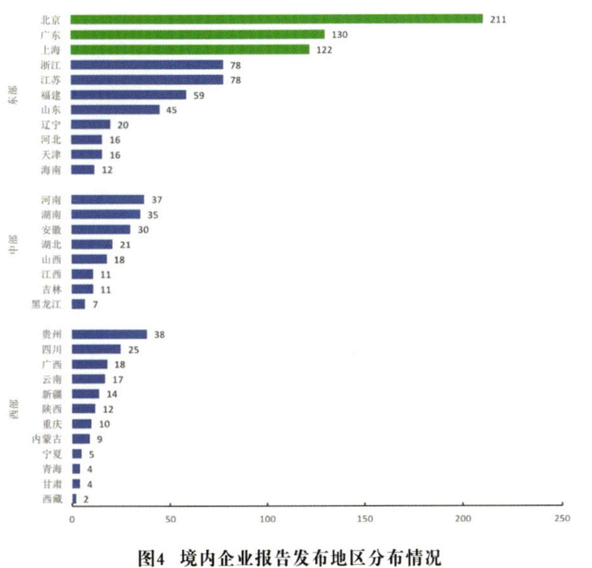


图4 境内企业报告发布地区分布情况

## 发现四 报告发布连续性较好，第八次发布报告的企业数量最多。

我国企业社会责任报告连续性整体上表现较好。截至2016年，发布社会责任报告六次及以上的企业达到605家，占比51.1%，其中，中国平安保险（集团）股份有限公司发布次数最多，高达13次。

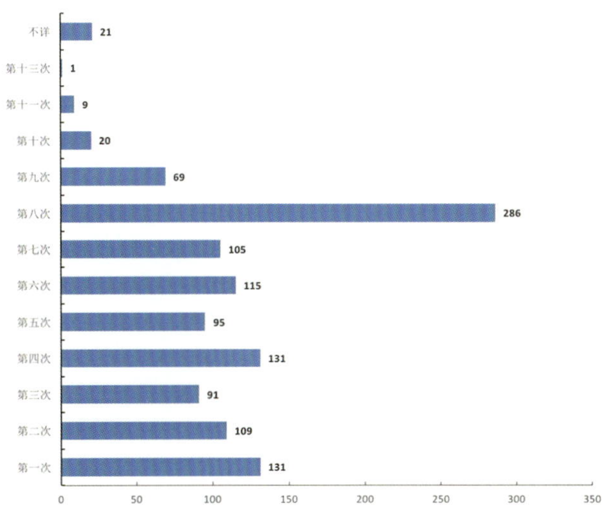


图5 报告发布次数分布

## 发现五 报告篇幅不断增加，仍有近六成报告信息披露较少。

2011年以来，社会责任报告的篇幅持续增加，篇幅为50页以上的报告数量占比由2011年的16.9%上升到2016年的28.1%，而篇幅为30页及以下的报告数量占比由2011年的72.4%下降到2016年的57.0%，其中10页及以下的报告比例由2011年的近四成下降到24.5%。总体来看，我国企业社会责任报告呈现篇幅不断增加、内容不断丰富的态势。

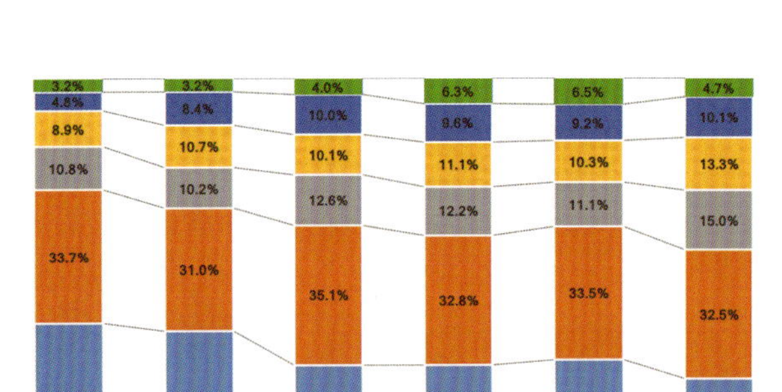


图6 2011-2016报告篇幅变化情况

## 发现六 报告参考标准多元，GRI指南、CASS-CSR3.0被参考最多。

2016年，833份报告（占70.4%）披露了报告编写的参考标准，其中，567份报告参考两种及以上的标准。企业在遵守政府部门、监管机构要求的同时注重参考行业协会、学术机构的指引，在参考国内指南的同时也注重参考国际相关标准。GRI指南（339份参考）、CASS-CSR3.0指南（320份参考）成为最受我国企业青睐的国际和国内两大社会责任报告编写标准。

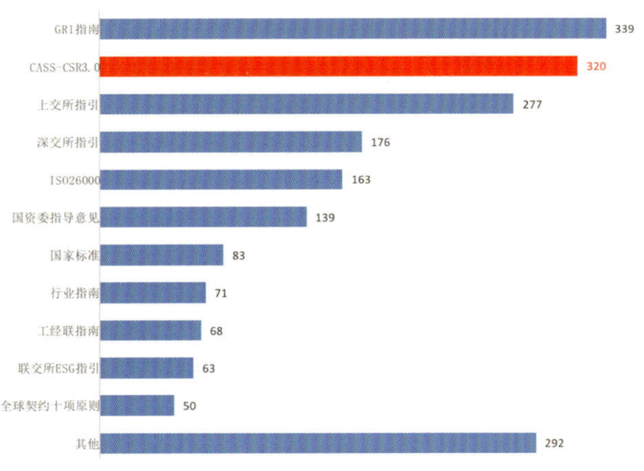


图7 报告参考标准分布

## 发现七 第三方评价不足，但中国企业社会责任报告评级最受青睐。

有161份报告进行了第三方外部评价，占比13.6%。在进行外部评价的报告中，有66份报告采用了中国企业社会责任报告评级；其次为专家点评36份；采用质量认证的为33份，而进行了数据审验的报告为26份。

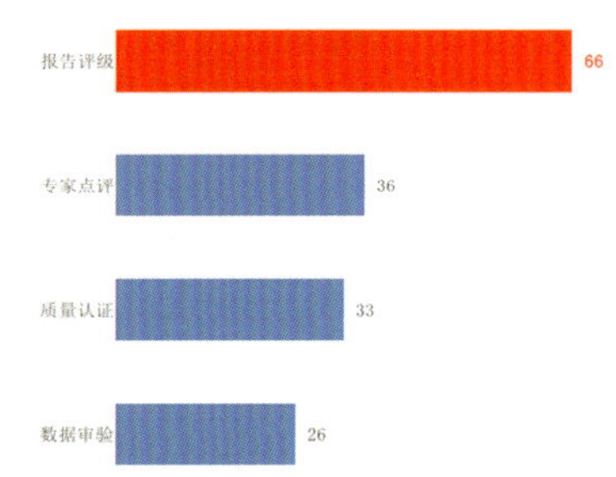


图8 报告第三方评价分布情况

## 发现八 报告内容更加精准，传播形式和渠道更加多样。

从报告版式来看，越来越多的企业在延续传统报告形式的基础上注重对报告进行“二次开发”，简版报告、H5版报告、“一张图读懂报告”、影像版报告等多样化版本逐渐增多，“1份企业社会责任报告+N种报告版式”的局面逐步形成，这对于加强与利益相关方的沟通、提升企业社会责任报告的传播价值具有重要作用。

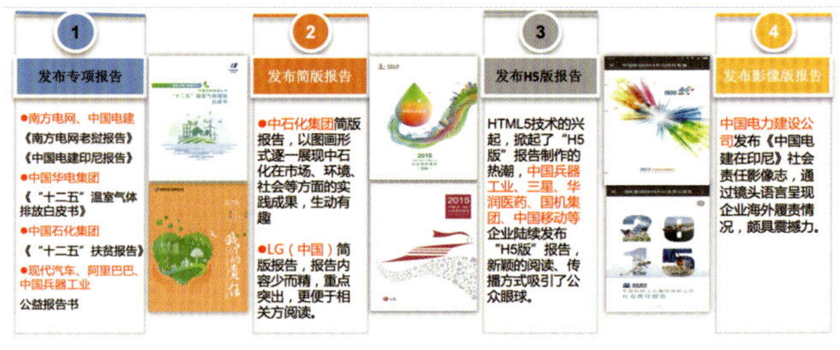


图9 报告多样化传播形式

# 中国社会责任百人论坛
## 第五届分享责任年会在京举办

2017年1月7日，由中国社科院企业社会责任研究中心指导、中国社会责任百人论坛主办、中星责任云社会责任机构、中星创意云（北京）文化传播有限公司承办的“中国社会责任百人论坛——第五届分享责任年会”在京举办，来自政府部门、行业协会、知名企业、主流媒体等共计200余人出席本次会议。

亮点一：责任百人论坛荣添新力量，助推中国社会责任发展

亮点二：启动《中国企业应对气候变化自主贡献研究报告》

亮点三：首发《中资企业海外社会责任蓝皮书（2016-2017）》

亮点四：首发《中国企业社会责任年鉴（2016）》暨2016年责任百大事件

亮点五：发布国内第二部社会责任影像志——《中国电建在印尼》

亮点六：搭建平台发布企业优秀社会责任成果

亮点七：连续第6年发布《中国企业社会责任报告白皮书》

亮点八：首次评选颁发责任金牛奖

## 精彩掠影

参会企业（部分）

中国石油化工集团公司

东风汽车公司

中国南方电网公司

中国华电集团公司

中国黄金集团公司

中国电子信息产业集团有限公司

中国移动通信集团公司

中国电力建设集团有限公司

中国兵器工业集团公司

华润集团有限公司

中国铝业股份有限公司

中国节能环保集团公司

中国旅游集团

中国第一汽车集团公司

中国储备棉管理总公司

台达集团

三星（中国）投资有限公司

现代汽车（中国）投资有限公司

松下电器（中国）有限公司

乐金电子（中国）投资有限公司

乐金化学（中国）投资有限公司

斗山（中国）投资有限公司

浦项（中国）投资有限公司

E-LAND CHINA
中国衣恋集团
中国衣恋集团

## 参会媒体（部分）

| | | | |
|---|---|---|---|
| CCTV | 新华社 | 光明日报 | 法制日报 |
| 经济参考报 | 第一财经日报 | 参考消息 | 中国经济时报 |
| 中国经济导报 | 人民政协报 | 工人日报 | 中国日报 |
| 科技日报 | 证券日报 | 中国商报 | 人民网 |
| 新华网 | 中国网 | 凤凰网 | 国资报告 |

## 媒体报道（节选）

CCTV

《中资企业海外社会责任蓝皮书》发布 中资企业海外社会责任披露不足

中国社会科学院发布了我国首本《中资企业海外社会责任蓝皮书》，蓝皮书披露，中资企业在海外的社会责任管理水平亟待提升。

蓝皮书指出，中资企业海外社会责任整体水平处于起步者阶段，抽取的100家企业中，六成企业处于旁观者阶段，仅有少数企业能较为全面地披露海外社会责任信息，大多数中资企业社会责任信息披露水平不足。

钟宏武：“我们在海外可能做了很多事情，但是没有人去系统梳理总结，也不主动去披露，一个非常不好的思路叫：只做不说、多做少说、历史评说，这种思路放到国际的舞台上，肯定是落后的，会有损我们企业形象，甚至有损国家形象。”

在蓝皮书中记者看到，中央企业海外社会责任水平领先于其他国企和民营企业。比如中国电建、华电集团等都在通过公益项目等方式，积极融入、服务当地社会。钟宏武认为，随着更多的中国企业“走出去”，提高海外社会责任水平更加重要。“第一，理念上要重视我们的社会责任；第二，要入乡随俗，调整一些我们的不符合当地价值观的行为；第三，要加强社会责任的管理，主动披露社会环境信息。”

光明日报

《中资企业海外社会责任研究报告（2016~2017）》在京发布

会上发布了《企业社会责任蓝皮书：中资企业海外社会责任研究报告（2016~2017）》。据介绍，该书基于国家发展和改革委员会政策研究室《“一带一路”与海外社会责任》课题研究，对中资企业海外社会责任现状作出系统研究，是国内首部运用定量方法研究“走出去”中资企业海外社会责任的研究报告。全书由总报告、实践篇、借鉴篇以及附录四部分组成，主要包括对中资企业海外社会责任发展水平进行评价，辨析中资企业海外社会责任发展进程的阶段性特征，呈现中外资企业优秀海外社会责任案例，并研究和借鉴韩国政府推动企业海外社会责任的机制，为中资企业海外运营提供参考，引导中资企业更好的履行海外社会责任。

法制日报

首本中资企业海外社会责任蓝皮书发布 26家企业未主动披露海外社会责任信息

据中国社会责任百人论坛秘书长、中国社科院企业社会责任研究中心主任钟宏武介绍，研究发现，中资企业海外社会责任发展指数为25.67分，整体处于“起步者”阶段。具体来看，有7家企业（占7%）的海外社会责任指数超过80分，处于“卓越者”阶段；有8家企业（占8%）海外社会责任指数达在60到80分之间，处于“领先者”阶段；有9家企业（占9%）海外社会责任指数在40到60分之间，处于“追赶者”阶段；有16家企业（占16%）海外社会责任指数达到20分到40分之间，处于“起步者”阶段；海外社会责任指数低于20分，处于“旁观者”阶段的企业数量最多，有60家（占60%），其中有26家企业（占26%）的海外社会责任发展指数得分为0，未主动披露任何海外社会责任信息。

人民网

中国社会责任百人论坛——第五届分享责任年会在京举办

中国社会责任百人论坛（简称“责任百人论坛”）成立于2016年10月30日，以“百人论道，万众聚力”为口号，旨在建立一个政府领导、专家学者、企业家等以个人身份参与的机制，打造中国社会责任发展的高端平台。短短两个多月时间，论坛迅速扩大，发起人规模从10人扩大到22人。全国政协委员、中国工业节能与清洁生产协会会长、中国节能环保集团公司原董事长王小康、台达集团创始人暨名誉董事长郑崇华、松下电器(中国)有限公司副总裁张凯、国家气候变化专家委员会委员、中国社科院城市发展与环境研究所所长潘家华、国家发改委西部司巡视员欧晓理、中国黄金集团副总经理刘冰、中国质量万里行会长，国家质量监督检验检疫总局原总工程师刘兆彬、工信部政策法规司副巡视员郭秀明等发起人在本次大会上分享了社会责任的理念和实践。

**经济参考报**

中资企业海外社会责任 信息披露水平不足

《中资企业海外社会责任蓝皮书（2016—2017）》显示，仅有少数企业能较为全面地披露海外社会责任信息，大多数中资企业社会责任信息披露水平不足，且处于较低的发展阶段。报告认为，这一方面反映出海外社会责任理念未能在“走出去”的中资企业中形成广泛的传播和认同，多数企业并没有将海外社会责任纳入日常工作和经营管理，另一方面也反映出中资企业未能建立有效全面的海外社会责任管理和信息披露机制，信息披露不及时、不主动，与利益相关方缺乏及时有效的沟通。

**新华网**

《中国企业社会责任年鉴（2016）》发布

会议首发《中国企业社会责任年鉴（2016）》，从责任政策及倡议、评价、企业、人物等十个方面梳理出2016年具里程碑意义的100件事件和人物以及典型案例，给予正在探索履责之路的企业以借鉴，共同推动中国企业社会责任更好更快的发展。

**凤凰网**

中国社会责任百人论坛——第五届分享责任年会在京举办

会议发布课题组连续第6年编制的《中国企业社会责任报告（2016）》，对2016年中国企业社会责任报告进行分析和总结，为中国企业社会责任报告研究提供基准参考。同时，课题组对2016年中国企业社会责任评级工作进行总结，并向2016年进行企业社会责任报告评级的企业颁发评级证书。

**国资小新**

中国企业社会责任年度成绩单 干货都在这了！

中资企业海外社会责任发展指数——中央企业排名前10

| 序号 | 排名 | 企业名称 | 所属行业 | 总分 | 发展阶段 |
|---|---|---|---|---|---|
| 1 | 1 | 中国石油天然气集团公司 | 矿业 | 95.29 | 卓越者 |
| 2 | 2 | 中国有色矿业集团有限公司 | 矿业 | 90.59 | 卓越者 |
| 3 | 3 | 中国电力建设集团有限公司 | 建筑业 | 90.29 | 卓越者 |
| 4 | 4 | 中国海洋石油总公司 | 矿业 | 90.00 | 卓越者 |
| 5 | 5 | 中国五矿集团公司 | 矿业 | 85.88 | 卓越者 |
| 6 | 6 | 中国石油化工集团公司 | 矿业 | 71.76 | 领先者 |
| 7 | 7 | 中国中钢集团公司 | 制造业 | 66.76 | 领先者 |
| 8 | 8 | 中国中化集团公司 | 制造业 | 66.47 | 领先者 |
| 9 | 9 | 中国远洋海运集团总公司 | 交通运输服务业 | 61.76 | 领先者 |
| 10 | 9 | 中国交通建设集团公司 | 建筑业 | 61.76 | 领先者 |

# 责任金牛奖

为更好地促进中国企业社会责任发展水平的提升，中国社会责任百人论坛根据企业在2016年履行社会责任的综合表现和贡献，评选出以下社会责任奖项。

## 卓越责任企业奖

| 中国石油化工集团公司 |
| --- |
| 阿里巴巴集团控股有限公司 |
| 中国南方电网有限责任公司 |
| 中国电力建设集团有限公司 |
| 东风汽车公司 |
| 中国第一汽车集团公司 |
| 中国民生银行股份有限公司 |
| 浦项（中国）投资有限公司 |

## 最佳雇主奖

| 中国建筑股份有限公司 |
| --- |
| 成都伊藤洋华堂有限公司 |
| LG电子（中国）投资有限公司 |

## 最具影响力责任品牌奖

| 中国华电集团公司 |
| --- |
| 欧莱雅（中国）有限公司 |
| 松下电器（中国）有限公司 |
| LG电子（中国）投资有限公司 |

## 公益慈善奖

| 现代汽车（中国）投资有限公司 |
| --- |
| 华润（集团）有限公司 |
| 三星（中国）投资有限公司 |
| 中国光大银行股份有限公司 |
| 衣恋时装（上海）有限公司 |
| 爱茉莉太平洋贸易有限公司 |
| 中国民生银行股份有限公司 |
| 恒信玺利实业股份有限公司 |

## 绿色环保奖

| 中国建筑股份有限公司 |
| --- |
| 台达集团 |
| 中国华电集团公司 |
| 中煤鄂尔多斯能源化工有限公司 |
| 北京控股集团有限公司 |
| 天津生态城投资开发有限公司 |
| 中国黄金集团公司 |

## 海外履责典范企业奖

| 中国电子信息产业集团有限公司 |
| --- |
| 南方电网云南国际有限责任公司 |
| 中国电力建设集团有限公司 |

## 精准扶贫奖

| 国家开发投资公司 |
| --- |
| 中国石油化工集团公司 |
| 东风汽车公司 |
| 中国旅游集团公司 |
| 中国储备棉管理总公司 |
| 西藏华泰龙矿业开发有限公司 |

## 责任产品奖

| 佳能（中国）有限公司 |
| --- |
| 北京三元食品股份有限公司 |
| 斗山（中国）投资有限公司 |
| 中国盐业总公司 |

## 社会责任报告领袖奖

| 中国南方电网责任有限公司 |
| --- |
| 中国电信集团公司 |
| 中国华能集团公司 |
| 中国兵器工业集团公司 |
| 中国石油化工集团公司 |

## 最佳报告管理奖

| 中国建材集团有限公司 |
| --- |
| 华润（集团）有限公司 |
| 松下电器（中国）有限公司 |

## 最佳报告完整性奖

| 华润置地有限公司 |
| --- |
| 中国节能环保集团公司 |
| 中国铝业公司 |

## 最佳报告创新奖

| 中国移动通信集团公司 |
| --- |
| 蒙牛乳业（集团）股份有限公司 |
| 北京控股集团有限公司 |

“中国社会责任百人论坛”（以下简称“责任百人论坛”）（英文名称为：China Social Responsibility 100 Forum），是由致力于推动中国社会责任发展的专家学者、企业家、社会活动家等自发建立的会议机制，是中国社会责任领域的高端平台。责任百人论坛设立企业理事会，吸纳在行业内有一定影响力，具有较强社会责任感和良好的声誉的企业加入。责任百人论坛设立秘书处，作为日常办事机构。

**（以下成员名单截至2017年2月20日，名单将持续更新。）**

## 李 扬

**国家金融与发展实验室理事长、中国社科院经济学部主任**

中国社会科学院学部委员，国际欧亚科学院院士，经济学博士。十二届全国人大代表，全国人大财经委员会委员。中国金融学会副会长，中国海洋研究会副理事长。中国社会科学院原副院长，第三任中国人民银行货币政策委员会委员。曾五次获得“孙冶方经济科学奖”著作奖和论文奖，2015年获“中国软科学奖”，同年获首届“孙冶方金融创新奖”。

## 解思忠

**国务院国资委监事会原主席**

第十一届全国政协委员，国务院国资委原国有重点大型企业监事会主席，曾兼任中国人生科学学会会长。北京大学国民素质研究中心主任，博士生导师。

## 彭华岗

**国务院国资委副秘书长**

高级经济师，长期从事企业管理和经济政策研究工作，曾任首钢总公司党委研究室副主任、党委组织部副部长、首钢总公司考试考核委员会主任。主持国资委A类课题“中央企业社会责任理论研究”、“企业社会责任推进机制研究”等课题。编写出版《企业社会责任蓝皮书（2009/2010/2011/2012）》、《企业社会责任基础教材》、《中国企业社会责任报告指南2.0》、《企业社会责任管理》等著作。

## 刘兆彬

**中国质量万里行促进会会长**

北京大学经济学硕士，高级经济师。对法律、人事、行政管理、新闻、技术监督、标准、计量、认证、特种设备、原产地域产品保护等工作有着丰富的经验和较高的造诣。参与《产品质量法》、《标准化法》、《计量法》、《商检法》、《节约能源法》、《食品安全法》、《特种设备安全法》等多部法律法规制修订工作。著有《控股公司》专著及经济法律方面合著十几部，发表各类论文130多篇。

### 欧晓理

**国家发改委西部司巡视员**

曾在中国人民大学担任讲师，历任原国家物资部副处长，原国内贸易部处长、副司长，原国家国内贸易局副司长，国家安全生产监督管理局国家安全监察专员，原国务院西部开发办公室人才开发与法规组副组长，国家发展改革委西部开发司副司长。

近年主持制定丝绸之路经济带和21世纪海上丝绸之路战略规划、推动共建丝绸之路经济带和21世纪海上丝绸之路的愿景与行动、沿边开发开放指导意见等重要文件。

### 郭秀明

**工业和信息化部政策法规司副巡视员**

长期从事工业和信息化领域企业社会责任建设工作。指导完成一批企业社会责任课题和案例研究，推进省、市工业和信息化主管部门及工业、通信业和信息化领域企业社会责任建设，促进企业社会责任国际交流合作。

### 宋志平

**中国建材集团有限公司董事长**

中国企业改革与发展研究会会长，全国工商管理专业学位研究生教育指导委员会委员。曾荣获“袁宝华企业管理金奖”、“中国经济年度人物”、“财富年度中国商人”、“最具影响力的商业领袖”、“全球华人经济领袖”等多项殊荣。2002年担任中国建筑材料集团有限公司董事长，2009-2014年同时执掌中国医药集团总公司，2016年开始任重组成立的中国建材集团有限公司董事长。

为中国企业改革创新创造并积累了新鲜而丰富的经验，是我国混合所有制的探索者和开拓者。主持的水泥领域大规模重组整合的实践与经验荣获国家级企业管理现代化创新成果一等奖，并入选哈佛商学院案例。

### 王小康

**全国政协委员、中国工业节能与清洁生产协会会长、中国节能环保集团公司原董事长**

曾任中国节能环保集团公司法定代表人、董事长、党委副书记。现任第十二届全国政协委员、全国政协人口资源环境委员会委员，中国工业节能与清洁生产协会会长，我国《第三次气候变化国家评估报告》领衔专家之一、国家制造强国建设战略咨询委员会委员。被评为新中国建国60周年60位商界精英之一，“十二五”企业文化建设典范人物，2016中国社会责任杰出人物。

### 郑崇华

**台达环境与教育基金会创办人暨董事长**

台达集团创办人暨荣誉董事长，以“环保 节能 爱地球”为经营使命，指导集团发展方向。郑先生1971年创立台达电子，担任董事长职务至2012年；四十多年来，台达已成为电源管理与散热解决方案的世界级厂商，并积极发展品牌，持续提供高效可靠的节能整体解决方案。运营网点遍布全球，在中国大陆、中国台湾地区、美国、泰国、日本、墨西哥、印度以及欧洲等地设有研发和生产基地。郑先生曾荣获“2016中国社会责任杰出人物奖”，以表彰其在履行社会责任方面之贡献。

## 张晓刚

**国际标准化组织（ISO）主席**

历任鞍钢副总工程师、总经理助理、常务副总经理，2007年1月任鞍山钢铁集团总经理、党委书记。中共十七大、十八大代表，第十七届中央候补委员，第十八届中央纪委委员，第十一届全国人大代表。于2007年1月至2009年1月期间，任中国钢铁工业协会会长。2011年10月在第45届世界钢铁协会年会上被选为世界钢铁协会主席，成为世界钢铁协会近60年历史上第一位来自中国的主席。2013年9月，当选新一届国际标准化组织（ISO）主席，任期自2015年1月1日至2017年12月31日，这是1947年ISO成立以来，中国人首次担任这一国际组织的最高领导职务。

## 刘 冰

**中国黄金集团公司董事、总经理、党委副书记**

中金增储（北京）投资基金有限公司董事长，中金黄金股份有限公司监事会主席，中金国际首席执行官、执行董事，财务公司董事长。曾就职于中国汽车工业总公司、国家经贸委、中国纺织总会，1999年加入中国黄金集团公司。

## 蓝 屹

**华润（集团）有限公司秘书长、办公厅主任**

1993年加入中国华润集团，曾先后担任中国华润总公司人事部科长、办公室助理总经理、人事部助理总经理，中国南洋进出口公司行政管理部部长，中国华润总公司董办副总经理，华润（集团）有限公司人事部高级经理、助理总经理、副总经理，华润万家有限公司副总裁，华润创业有限公司副总裁等职。

## 王幼燕

**中国电子信息联合会副秘书长**

曾先后任职于中国工商银行、中国通信建设总公司、恒信通信技术有限公司，2003年加入中国三星，曾任中国三星总部对外事务部副总裁，兼任中国三星CSR事务局副总裁，负责企业社会责任、媒体公关相关业务。

## 张 凯

**松下电器（中国）有限公司副总裁**

负责公司对外事务，公司CSR、IT、物流、法务、采购中心等业务担当。在松下电器工作逾20年，此前一直从事家电市场营销工作，具有丰富的行业经验。作为松下集团首位中国区销售公司总经理，多年来，不断提高公司的销售及利润，促进松下家电事业蓬勃发展。

## 宝 山

**北大纵横管理咨询集团高级合伙人**

中国社会科学院经济学博士，中国市场学会副秘书长，北京师范大学MBA校外导师，中国社会科学院研究生院市场营销学兼职教授。曾就职于清华同方人工环境公司 、北京丰收管理咨询公司，2005年加入北大纵横。专长领域：战略规划、品牌规划、集团管控、组织设计、流程优化、制度设计、人力资源管理、企业文化等。

## 吕 朝

**恩派公益组织发展中心创始人、主任**

北京大学中文系学士和工商管理硕士，兼任上海市政协人口资源环境委员会副主任。2006年在上海创立“恩派”系列机构，设计运作了中国第一个“公益孵化器”，并在全国推广复制。后陆续创办上海联劝公益基金会、明善道CSR咨询中心、屋里厢社区服务中心、里仁社区发展中心等公益实践、研究机构及社创平台，领导了中国社会组织培育、企业社会责任、城乡社区服务与自治、公益创投与社会影响力投资等领域的若干开拓性实践和重要创新。荣获2008年度上海浦东新区“十大杰出青年”，多次获上海慈善奖，《南都全媒体》2011 年度公益人物奖，《南方周末》2015 年度责任领袖。

## 黄群慧

**中国社会科学院工业经济研究所所长**

研究员，博士生导师，享受国务院政府特殊津贴，中国企业管理研究会理事长，多所大学兼职教授。研究领域为产业经济和企业管理，曾先后主持和参与完成国家社会科学基金重大招标课题、中国社会科学院重大课题多项。在《中国社会科学》、《经济研究》等学术刊物公开发表论文百余篇，独立撰写、参与撰写著作十余部。获第十二届孙冶方经济科学奖、第二届蒋一苇企业改革与发展学术基金优秀专著奖、第三届蒋一苇企业改革与发展学术基金优秀论文奖，第十四届国家图书奖和中国社会科学院优秀科研成果三等奖等。

## 潘家华

**中国社会科学院城市发展与环境研究所所长**

研究员，可持续发展研究中心主任、研究生院教授、博士生导师；国家气候变化专家委员会委员、国家外交政策咨询委员会委员、北京市政府专家咨询委员会委员；中国生态经济学会副会长、中国生态文明研究与促进会常务理事、国家973项目首席科学家。曾任UNDP北京代表处高级项目官员、能源与环境顾问、联合国气候变化专门委员会社会经济评估工作组(荷兰)高级经济学家；中央政治局集体学习时(2010年)讲解“关于实现2020年二氧化碳减排目标的思考”。获第十四届孙冶方经济科学奖（《碳预算方案——一个公平、可持续的国际气候制度框架》），获绿色中国年度人物(2010-2011年)称号。

## 张 翼

**中国社会科学院社会发展战略研究院院长、党委书记**

研究员，博士生导师，北京市人口学会理事，全国大学生课外学术科技作品竞赛评审委员会委员，创业青年首都贡献奖评委会委员。

专业领域为工业社会学，发表《中国各阶级阶层人口数量的估计：利用第五次人口普查数据的分析》，《当前中国中产阶级的政治态度》等学术论文；出版《国有企业社会成本分析》等专著；承担国家社会科学基金项目“流动人口的婚恋家庭问题研究”，国家社会科学基金重大课题分课题“新疆少数民族人口的社会分层与边疆安全研究”等重要研究项目。

## 邓国胜

**清华大学公益慈善研究院副院长**

教授，博士生导师，中国人民大学法学博士，2002~2005年担任清华大学公共管理学院NGO研究所副所长，2005~2007年担任NGO研究所所长，2007~2008年为美国印第安纳大学访问学者。主要从事NGO、社会治理与社会创新、绩效评估研究。

主要论著：《非营利组织评估》、《公益项目评估》、《群众评议政府绩效》，曾在《Global Economic Review》、《The China Journal》、《The China Review》、《中国社会科学》（英文刊）、《中国行政管理》等杂志发表论文数十篇。主要代表作有：“1995年以来中国NGO的变化与发展趋势”、“非营利部门的价值与比较分析”、《响应汶川》等。

## 钟宏武

**中国社科院经济学部企业社会责任研究中心主任**

中国社会责任百人论坛秘书长，中国社会科学院社会发展战略研究院副研究员，主持“中央企业海外社会责任研究”（国资委课题）、“企业社会责任推进机制研究”（国资委课题）、“责任制造2025”（工信部课题）、“中国食品药品行业社会责任信息披露机制研究”（国家食药监局课题）、“中国保险业白皮书”（保监会课题）等课题，先后访问日本、南非、英国、瑞典、台湾、缅甸、苏丹、美国、韩国、荷兰、赞比亚、津巴布韦，研究企业社会责任。编写《中国企业社会责任报告编写指南》、《企业社会责任管理》、《企业社会责任基础教材》、《企业社会责任蓝皮书》、《企业公益蓝皮书》、《企业社会责任报告白皮书》、《中国国际社会责任与中资企业角色》、《慈善捐赠与企业绩效》等专著30余部。

## 张 蒽

**中国社科院经济学部企业社会责任研究中心常务副主任**

中国社会责任百人论坛执行秘书长，中国社会科学院社会发展战略研究院副研究员，作为主要研究人员参与“责任制造2025”、“中央企业社会责任推进机制研究”、“上市公司社会责任信息披露”、“中央企业社会责任理论研究”、“企业社会责任指标体系研究”等重大课题的研究。出版《中国企业社会责任发展指数报告》、《中国企业社会责任报告编写指南》、《企业社会责任管理体系研究》、《中国企业社会责任报告白皮书》、《中国上市公司非财务信息披露研究报告》、《企业社会责任负面信息披露研究》等专著。

# 专家委员会成员

| | 主任委员 |
|---|---|
| 吕大鹏 | 中国石油化工集团公司宣传工作部主任 |
| | 副主任委员 |
| 卑　毅 | 中国南方电网有限责任公司战略策划部副主任 |
| 包斯日古楞 | 中国兵器工业集团公司社会责任部副巡视员 |
| 汪　波 | 东风汽车公司办公厅综合处处长、东风公益基金会副秘书长 |
| 葛季明 | 中国第一汽车集团公司两办社会责任室主任 |
| 薛宇伟 | 中国南方电网有限责任公司战略策划部社会责任处处长 |
| 周　熙 | 易车公司企业社会责任部总监 |
| | 委　　员 |
| 王爱强 | 松下电器（中国）有限公司企划部副部长 |
| 孙贵峰 | 三星（中国）投资有限公司CSR事务局总监 |
| 金　英 | 现代汽车中国投资有限公司社会贡献部经理 |
| 李　群 | 中国兵器工业规划研究院战略规划研究所副所长 |
| 朱念锐 | 中国黄金集团公司企业管理部社会责任处副处长 |
| 文雪莲 | 中国移动通信集团公司发展战略部企业策划处副经理 |
| 张伟元 | 中国南方电网有限责任公司战略策划部社会责任处主管 |

# 2017年活动计划

| 中国社会责任百人论坛系列活动 | |
|---|---|
| 中国企业应对气候变化自主贡献报告发布会 | 6月 |
| 中国社会责任报告指南4.0—一般框架发布会 | 9月 |
| 首本家电行业社会责任蓝皮书发布会 | 10月 |
| 汽车行业社会责任蓝皮书（2017）暨汽车行业指南4.0发布会 | 10月 |
| 第九届企业社会责任蓝皮书发布会 | 10月 |
| 第四届企业公益蓝皮书发布会 | 12月 |
| **联合主办会议** | |
| 江苏上市公司社会责任蓝皮书发布会（合办方：新华网江苏） | 8月 |
| 第二届企业扶贫蓝皮书发布会（合办方：国务院扶贫办、中国扶贫基金会） | 11月 |
| 中国社会责任公益盛典（合办方：新华网总网） | 12月 |
| 第二届保险行业社会责任蓝皮书发布会（合办方：中国保监会） | 2018年1月 |
| **中国社会责任百人讲堂** | |
| 第三届中国责任官计划（北京、上海） | 5-8月 |
| 第九期中国企业社会责任公益讲堂（南京） | 8月 |
| **责任百人咖啡** | |
| 中国企业应对气候变化自主贡献研讨会 | 3月 |
| 沙龙：媒体看责任 | 4月 |

# 中国社会责任百人论坛理事会单位

## 理事会单位成员资质要求

1.责任理念融入发展战略和日常运营。

2.建立社会责任管理体系，主动披露社会环境信息。

3.所在行业、区域的履责先锋和表率。

## 企 业 权 益

| 企业权益 | | 理事长单位 | 副理事长单位 | 理事单位 |
|---|---|---|---|---|
| 论坛礼遇 | VIP票品待遇 | 2张/场 | 1张/场 | - |
| | 论坛活动普通票 | 3张/场 | 3张/场 | 2张/场 |
| | 优先参与论坛奖项的申请 | √ | √ | √ |
| 现场展示 | 企业领导发言 | 3场 | 2场 | - |
| | 企业成果现场发布 | 2场 | 1场 | - |
| | 会务材料中可放置企业宣传页或其他成果 | 2期 | 1期 | - |
| 宣传展示 | 官方微信专题 | 2期 | 1期 | - |
| | 《中国社会责任百人论坛》-企业介绍 | 1次/年 | 1次/年 | - |
| | 《中国社会责任百人论坛》-企业文章 | 2次/年 | 1次/年 | - |
| | 《中国社会责任百人论坛》-专栏广告 | 2P彩页/年 | 1P彩页/年 | - |
| 百人咖啡 | 百人咖啡 | 2场研讨会 | 1场研讨会 | - |

## 论 坛 礼 遇

**高级权益**

**VIP票品待遇**
　优先确定论坛VIP前排座席
　享用主办方安排的论坛酒店自助餐或晚宴
**论坛活动普通票品**
　获得企业及下属单位参加论坛人员名额
　优先参与论坛举办的其他活动
**优先参与论坛奖项的申请**
　优先参与《中国企业社会责任年鉴》案例
　优先参评企业公益蓝皮书
　优先参与论坛的其他奖项申请

**普通权益**

**参与会议现场抽奖**
　每场会议均有抽奖环节，参会人员参与现场抽奖

**获得百人论坛出版物及会议的其他发布成果**

## 现 场 展 示

**高级权益**

**企业领导发言**
企业领导进行主题演讲或圆桌论坛
发言收录于《中国社会责任百人论坛》
**企业成果发布**
在论坛中嵌入企业成果的启动仪式、发布仪式）
**会务材料中放置企业宣传页或其他成果**

**普通权益**

**展板、展区展示**
根据情况免费获得展区或展板展示企业的成果或者产品

**论坛主题背景板提供合作企业LOGO区**

## 宣 传 展 示

**百人论坛刊物**
企业专题
整版彩色广告（广告设计由企业提供）
会员单位介绍
**百人论坛微信平台展示**
提供企业案例展示区
对企业的责任案例进行传播

**普通权益**

**外部媒体宣传中体现合作企业**
外部媒体宣传体现企业权益，主要合作媒体包括新华网、人民网、中国网、国资小新等

**会务材料中可放置企业宣传页或其他成果**

## 定制服务

**专场会议**
会议冠名权
双方共同协商会议主题、会议议程、主要嘉宾等
支持单位作为单场会议的主办方
支持单位获得专业媒体的采访报道
企业在会上发布自己的重要成果
企业领导作为主办方领导致辞
会场间隙通过主会场播放企业宣传片

## 百人咖啡

**百人咖啡研讨会**
在百人咖啡场所举办20人以下的专项研讨会
提供场地
提供冷餐及饮品服务
协助邀请参会嘉宾

## 理 事 会 单 位

理事长单位

副理事长单位

SAMSUNG

HYUNDAI MOTOR GROUP 现代汽车集团

Panasonic

（截至2017年2月20日，持续更新中）

# 中国石油化工集团公司

中国石油化工集团公司(英文缩写Sinopec Group)是1998年7月国家在原中国石油化工总公司基础上重组成立的特大型石油石化企业集团，是国家独资设立的国有公司、国家授权投资的机构和国家控股公司。中国石化主要从事石油与天然气勘探开采、管道运输、销售；石油炼制、石油化工、煤化工、化纤、化肥及其它化工生产与产品销售、储运；石油、天然气、石油产品、石油化工及其他化工产品和其他商品、技术的进出口、代理进出口业务；技术、信息的研究、开发、应用。公司总部位于北京，经营范围遍布全球76个国家和地区，拥有员工84.5万人。

作为上、中、下游一体化的大型能源化工公司，中国石化具有较强的整体规模实力。2016年，公司在《财富》世界500强企业中排名第4位。目前，中国石化炼油能力排名中国第1位、全球第2位；在中国拥有完善的成品油销售网络，是中国最大的成品油供应商，加油站数量居全球第2位；乙烯生产能力排名中国第1位、全球第4位，构建了比较完善的化工产品营销网络。

中国石化坚持以“为美好生活加油”的企业使命，积极践行可持续发展和社会责任，助力实现企业与社会、环境的永续协调发展。

# 南方电网公司

一、南方电网公司的基本情况

中国南方电网公司于2002年12月29日挂牌成立，由国务院国资委履行出资人职责。公司供电区域为广东、广西、云南、贵州和海南，供电面积100万平方公里，供电人口2.3亿人，供电客户7593万户。近年来，南方电网公司主动承担社会责任，并使之融入战略、纳入经营、进入管理，为全面建设小康社会提供安全可靠的电力保障，走出了一条有南方电网特色的履责道路。

二、南方电网公司的责任理念

南方电网确立了“人民电业为人民”的企业宗旨、“主动承担三大责任全力做好电力供应”的企业使命、“诚信，服务，和谐，创新”的企业理念。

三、南方电网公司的社会责任管理

一是完善责任治理。2010年3月，公司成立社会责任工作领导小组，主要负责人任小组组长，各部门主任、分子公司一把手担任成员。公司社会责任领导小组办公室设在战略策划部，总部各部门、各直属机构指定专人参加工作小组，分、子公司按照统一部署明确职责和对口工作人员，形成了从总部到三级单位完整的社会责任工作体系。

二是健全责任制度，完善责任指标体系。公司先后制定了《社会责任工作规划2010-2015》《社会责任管理办法》和《社会责任示范基地管理办法》，有序开展责任管理、责任实践、责任沟通和责任研究，使社会责任管理最大限度地发挥好整体合力。公司建立了较为完善的社会责任指标体系，较全面地覆盖了公司需要对政府、员工、客户、合作伙伴、环境、社区与公众等利益相关方履行的责任。

三是精心编制高质量的社会责任报告。公司注重发挥社会责任报告对管理的促进机制，创新报告编制流程，增加监控环节，将报告编制过程转变为企业战略实施和责任管理的过程。公司已经按年编制和发布了9份社会责任报告。近六年的社会责任报告连续获得中国社科院企业社会责任研究中心五星级评价，连续三年获“金蜜蜂”优秀报告“长青奖”。

四是推动社会责任融入运营。公司注重将社会责任管理融合到业务、融合到岗位，将社会责任由企业精神内化为岗位日常规范。公司连续开展“感动南网”先进履责团队、履责员工评选，产生了一批感动南网、感动社会的履责先锋。

五是创新开展社会责任沟通。公司连续两年开展“社会责任日”活动，自2013年以来创新开展“社会责任周”活动，启动“责任南网行”调研，邀请国务院国资委研究局领导、国内知名社会责任专家、中央企业社会责任专家和媒体代表现场指导，将社会责任管理诊断送到基层一线。五省公司、广州、深圳供电局七家单位依次发布了自身社会责任实践报告，开展上门服务，组织客户、社团组织、意见领袖等参观社会责任示范基地等，传递南网真情。

六是社会责任影响全面提升。根据中国社科院《中国企业社会责任蓝皮书（2016）》，公司在中国企业300强、国有企业100强以及电力行业的社会责任发展指数中均排名第一，达五星级水平，处于卓越者阶段。在由新华网、中国社科院企业社会责任研究中心等单位联合主办的“2016中国社会责任公益盛典”上，公司荣获“2016中国社会责任杰出企业奖”。

# 中国华电集团公司

中国华电集团公司于2002年底国家电力体制改革时组建，主营业务为电力生产、热力生产和供应，以及与电力相关的煤炭等一次能源开发和相关专业技术服务。作为中央重要骨干能源企业，中国华电始终牢记肩负的重要政治、经济和社会责任，践行“创新、协调、绿色、开放、共享”发展理念，贯彻落实能源发展“四个革命、一个合作”战略思想，主动适应经济发展新常态，坚持党的领导、坚持战略引领、坚持价值创造、坚持改革创新、坚持以人为本，大力推进供给侧结构性改革和可持续发展，加快做强做优做大，致力于建设成为“以电为主、绿色低碳、安全高效的世界一流能源集团”。截至2016年12月，控股煤炭年产能6500万吨，管理金融资产3700亿元，资产分布在全国32个省（区、市）以及俄罗斯、印尼、柬埔寨等多个国家和地区，年销售收入2000亿元人民币，利润总额、净利润、净资产收益率等主要经营指标保持在中国同类企业前列，在世界500强排名中列第331位。

中国华电始终将履行社会责任纳入公司治理，融入公司战略，落实到企业生产经营发展各个环节，构建实施社会责任行动体系，持续深化社会责任实践，不断创新社会责任管理，自2007年起连续9年发布社会责任报告，社会责任意识从应景走向自觉，社会责任内容由单项拓展多元，社会责任建设由总部落地基层，社会责任管理由活动转向常态，社会责任传播由简单升成全面。公司在中国社科院发布的社会责任发展指数排名，从 2009 年上榜之初的第 23 名攀升至2015-2016年连续两年位列中国企业300强总榜单（国企100强、民企100强、在华外企）第2位，处于卓越者行列。先后荣获“联合国全球契约中国企业典范实践奖”、“全球契约社会责任管理与报告最佳实践”、“金蜜蜂社会责任领袖型企业奖”、“中国十大绿色技术创新”“青年态度·大型企业社会责任评价”“十大责任品牌”等20多项荣誉。

2013年，中国华电统筹考量公司发展战略、主营业务、企业文化和社会责任，首次提出了符合公司特点、体现公司特色的社会责任理念——“中国华电，度度关爱”，表达了中国华电承担社会责任的初衷、意愿和态度，每一度电，都是一种责任。随后，中国华电责任品牌建设进入快车道，责任品牌传播逐渐呈现出以下五个方面的典型特征：凝练的责任理念，增强责任品牌传播的表现力；深度开展主流宣传，增强责任品牌传播的影响力；运用全媒体，增强责任品牌传播的感染力；培养社会责任案例，增强责任品牌传播的说服力；加强各方合作沟通，增强责任品牌传播的辐射力。

2016年6月6日，中国华电举行可持续发展发布会，正式对外发布三份不同角度的履责报告：《2015年中国华电可持续发展报告》、《中国华电“十二五”温室气体排放白皮书》、《中国华电首届优秀社会责任案例集》。同时，中国华电正式启动“中国华电，度度关爱”责任品牌实施战略和责任品牌4C行动计划，将“度度关爱”提升到新的战略高度，赋予完整的体系架构，为下一步全面推进公司责任品牌建设，实现可持续发展提供新的思路。

# 招商局集团

招商局集团（简称“招商局”）是中央直接管理的国有重要骨干企业，经营总部设于香港，亦被列为香港四大中资企业之一。招商局是中国民族工商业的先驱，创立于1872年晚清洋务运动时期，发展至今经营交通、金融、地产三大核心产业，并逐渐实现由三大主业向实业经营、金融服务、投资与资本运营三大平台的转变，是一家业务多元的综合性大型企业。2004-2015年招商局连续十二年被国务院国资委评为A级中央企业和连续四个任期“业绩优秀企业”。

作为一家具有历史使命感和社会责任感的百年企业，积极履行企业社会责任是招商局百年积淀的优良传统。招商局积极响应国家建设和谐社会的号召，以“建设世界一流企业”的战略目标为导向，对内夯实企业责任管理基础，制定了《招商局集团“十三五”社会责任规划》，创立使命驱动型社会责任管理模式，推动集团社会责任工作实现规范化、制度化、系统化和常态化；对外加强与外部利益相关方的沟通，做到履行经济责任和社会责任密切结合，打造两个责任一块品牌。

招商局充分发扬央企精神，紧密结合国家精准扶贫要求，大力推进扶贫攻坚，在贵州威宁、湖北蕲春、新疆叶城和莎车四个定点扶贫县坚持开发式扶贫的战略，因地制宜，将贫困县的特色资源与企业产业优势做有效结合，成功打造“幸福小镇”、“幸福新村”等品牌项目，不断拓宽帮扶领域，提升帮扶价值，实现可持续精准脱贫。截至2016年，招商局累计在四县投入扶贫资金2.02亿元。

秉持“以商业成功推动时代进步”的企业使命，招商局发起并成立了招商局慈善基金会，从理性公益、专业公益和战略公益的角度积极参与国内外公益慈善活动，促进构建公平、和谐、可持续的社会。2016年，招商局加大社会公益投入力度，在国内外共资助公益慈善项目46个，支出近5900万元人民币。

在推进公益慈善工作的过程中，招商局注重整合社会与企业的优势资源，形成创新机制和联动效应，如“灾急送”平台为民间参与救灾赈灾提供免费、专业、高效的应急物流服务，“招商局志愿者支持计划”鼓励企业员工关心社区、回馈社会，“共铸蓝色梦想”公益计划回应“一带一路”沿线发展中国家所面临的贫困、教育、医疗需求等，实现了公益项目价值的倍增放大。

# 东风汽车公司

东风汽车公司始建于1969年，是中国汽车行业骨干企业之一。东风主要业务分布在十堰、襄阳、武汉、广州四大基地，形成了“立足湖北，辐射全国，面向世界”的事业布局。公司总部设在“九省通衢”的武汉。主营业务涵盖全系列商用车、乘用车、发动机及汽车零部件和汽车水平事业。东风汽车公司在汽车行业具有强大的行业影响力和品牌号召力，东风品牌是中国汽车行业第一个驰名商标，中国十大最具成长力驰名商标，世界知名品牌500强。公司现有总资产2693亿元，员工16.9万人。东风汽车公司位居2016年《财富》世界500强第81位，2016年中国企业500强第46位。

多年来，东风汽车公司秉承“关怀每一个人，关爱每一部车”的经营理念，积极致力于企业自主发展、绿色发展、和谐发展的科学发展之道，努力打造更具责任感、备受社会信赖的汽车企业。

2012年，东风汽车公司发布社会责任中期计划——“润”计划，并提出“东风化雨 润泽四方”的履责理念。

“润”计划全面系统地规划了公司的经济责任、利益相关者责任、环境责任、社会公益责任及文化责任五大责任。同年，经国家民政部批准，公司成立“东风公益基金会”，原始注资金额为人民币5000万元，对东风公益项目的实施提供执行平台和资金支持。

作为中国汽车行业的排头兵，东风汽车公司坚持做强做优，不断提升发展质量和效益，为国民经济和社会发展做出贡献，“十二五”累计上缴税费2045.7亿元。

东风在努力拉动事业所在地方经济社会发展同时，积极参与精准扶贫，持续开展了援藏、援疆、援桂、“润楚工程”等扶贫开发项目；同时，结合产业特点，对公益慈善项目模式不断创新，打造了一批特色履责项目，包括“东风润苗行动”、“和畅东风”汽车公民文化活动、东风“碳平衡”生态林、“东风梦想车”中国青年汽车创意设计大赛、“东风湖北省流动家长学校”、“爱心助学公益系列活动”等，取得了实实在在的效果。“十二五”期间，东风累计投入资金2.3亿多元，用于履行社会责任。

2016年，东风汽车公司发布社会责任“润”计划2.0 ，通过从政治、经济、利益相关方、环境和社会公益五大方面，持续推进东风社会责任的实施。“润”计划2.0明确了东风“十三五”社会责任工作的目标、愿景、理念、实践体系和支撑体系等，是东风“十三五”战略规划的重要组成部分，是东风“十三五”社会责任工作的行动指南。未来，东风汽车公司将以“润”计划2.0为指引，战略性推进“十三五”社会责任工作，致力于成为卓越的汽车企业公民。

# 中国黄金集团公司

作为我国黄金行业唯一的中央企业、中国黄金协会会长单位，中国黄金集团公司确立了“以金为主，多金属开发并举”的产业定位，致力于金、银等贵金属，铜、钼等有色金属的勘察设计、资源开发、产品生产和销售、工程总承包等业务，业务涵盖整个黄金产业链，同时涉及金融服务、文化传媒等多个领域。目前，集团公司拥有两家上市企业：中金黄金（A股）、中金国际（多伦多、香港两地上市）；拥有由中金黄金、中金国际、中金珠宝、中金建设、中金资源、中金辐照、中金贸易组成的七大板块企业。

中国黄金从成立伊始，就十分注重企业的可持续发展，作为黄金行业的龙头企业，中国黄金对社会做出庄重承诺，以“不在任何地方以牺牲生态环境为代价从事黄金生产”的原则，积极履行社会责任，为国家、企业、员工、社会、环境的可持续发展做出重要贡献。

2008年，国务院国有资产监督管理委员会下发了《关于中央企业履行社会责任的指导意见》，作为规范和指导中央企业履行社会责任的里程碑文件。中国黄金根据文件精神，对集团公司社会责任情况进行总结，并对下一步工作进行部署，正式系统地启动社会责任工作。

2010年，中国黄金出台《中国黄金集团公司社会责任工作制度》，成立社会责任工作委员会及其办公室，委员会由公司主要领导及各部门负责人组成，办公室设在企业管理部，并要求各权属企业成立由领导班子组成的社会责任工作小组，明确社会责任工作机构，建立起了比较完善的管理体系，通过网站、内部杂志、报刊等多种形式，建立内部沟通机制。

2011年，中国黄金发布了首份社会责任报告，形成了以“开发有限资源，满足社会需求”为宗旨，通过责任组织、风险防范、守法合规、道德经营等措施，推动价值黄金、环保节能、安全健康、和谐共赢等核心理念实现的社会责任管理模式。

同年，中国黄金加入联合国“全球契约”，在职责范围内支持并促进 “全球契约”的十项基本原则，组织社会责任工作人员加强与利益相关方的沟通交流，积极参加社会责任研讨和培训，并推进各子公司开展社会责任工作。中国黄金国际资源有限公司及其下属内蒙古太平矿业有限公司、西藏华泰龙矿业开发有限公司等企业已建立社会责任报告发布机制。

为了进一步建立传播机制及媒介，让公众近距离了解中国黄金在企业社会责任方面的实践与探索，在2014年-2016年间，中国黄金参加了由中国社科院企业社会责任研究中心主办的“分享责任中国行——矿业行”，组织调研团先后走进了内蒙古乌山、湖北三鑫、西藏华泰龙等公司，并被授予“企业社会责任示范基地”荣誉。

经过几年的社会责任工作，中国黄金逐步建立起三级联动的社会责任组织体系，扎实有效地推进内部社会责任管理制度的实施，不断开展多形式的社会责任培训，并培养了一批能力强、素质高的社会责任工作队伍，努力将社会责任工作推向纵深发展。

# 中国一汽股份有限公司

中国第一汽车股份有限公司作为中国第一汽车集团公司的控股子公司，拥有6家分公司、12家全资子公司、2家上市公司。中国一汽已建立了东北、华北、华东、华南、西南等生产基地，形成了立足东北、辐射全国、面向海外的开放式发展格局，以及中、重、轻、轿、微、客等多品种、宽系列发展的产品格局。拥有解放、红旗、奔腾、夏利等自主品牌和大众、奥迪、丰田、马自达等合资合作品牌。与100多个国家众多企业、代理商和供应商建立了广泛的商业联系，在南非、坦桑尼亚、巴基斯坦、墨西哥等国拥有海外组装生产基地。

中国一汽在“人·车·社会和谐发展”的企业使命引导下，不断深化对社会责任的理解、履行对社会责任的承诺、创新对社会责任的实践，社会责任意识越来越强。中国一汽将全面贯彻“四个全面”战略布局，深入落实五大发展理念，着力推进供给侧结构改革。以提高发展质量和效益为中心，坚持绿色增长、品质至上、成本领先，务实推动企业健康可持续发展，负责任地对待每一个利益相关方，实现国有资产保值增值，追求经济、社会、环境的综合价值最大化。中国一汽在国家打赢脱贫攻坚战的决胜时期将承担起央企的责任，支持社会公益事业，在生产经济活动中、在社会贡献上不断努力。

目前，中国一汽按国家要求，对各项社会责任工作有序的开展进行。援助西藏左贡、芒康两县，其中芒康县作为2016年新增援助对象，得到一汽总医院医疗分队捐赠药品器械共计8万元。在精准扶贫方面，中国一汽在广西凤山、吉林镇赉、延边和龙等地建立对口帮扶“一汽小镇”，2016年，投入3812万元资金，已有122621人受惠；在公益方面，中国一汽建立“蓝途公益计划”、“天籁工程”、“关注‘星星的孩子’”、“中国一汽集善博爱行”、“中国一汽宏志班助学项目”等多个公益项目，对公益慈善事业均有积极稳步的推进。

# 阿里巴巴集团控股有限公司

阿里巴巴集团由曾担任英语教师的马云为首的18人，于1999年在中国杭州创立。从一开始，所有创始人就深信互联网能够创造公平的竞争环境，让小企业通过创新与科技扩展业务，并在参与国内或全球市场竞争时处于更有利的位置。自推出让中国的小型出口商、制造商及创业者接触全球买家的首个网站以来，阿里巴巴集团不断成长，成为了网上及移动商务的全球领导者。阿里巴巴集团及其关联公司目前经营领先业界的批发平台和零售平台，以及其他多项基于互联网的业务，当中包括广告和营销服务、电子支付、云端计算和网络服务、移动解决方案等。

目前，阿里巴巴集团为自己定下服务全球1000万盈利企业和20亿消费者的长期战略目标，确定了全球化、农村、大数据云计算三大战略，并以此形成电商、金融、物流、云计算、全球化、物联网和消费者媒体七大核心业务板块。同时，还在影业、健康、体育、音乐、本地生活等方面进行布局。

阿里巴巴集团的使命是“让天下没有难做的生意”

阿里巴巴为商家、品牌及其他提供产品、服务和数字内容的企业，提供基本的互联网基础设施以及营销平台，让其可借助互联网的力量与用户和客户互动。阿里巴巴的业务包括核心电商、云计算、数字媒体和娱乐以及创新项目和其他业务。同时，阿里巴巴通过所投资的关联公司参与物流和本地服务行业。

阿里巴巴的愿景

阿里巴巴旨在构建未来的商务生态系统。阿里巴巴的愿景是让客户相会、工作和生活在阿里巴巴，并持续发展最少102年。

相会在阿里巴巴：

阿里巴巴每天促进数以亿计的商业和社交互动，包括用户和用户之间、消费者和商家之间以及企业和企业之间的互动。

工作在阿里巴巴：

阿里巴巴向客户提供商业基础设施和数据技术，让他们建立业务、创造价值，并与我们的其他生态系统参与者共享成果。

生活在阿里巴巴：

阿里巴巴致力拓展产品和服务范畴，让阿里巴巴成为客户日常生活的重要部分。

102年：

阿里巴巴集团创立于1999年，持续发展最少102年就意味着要横跨三个世纪，能够与少数取得如此成就的企业匹敌。阿里巴巴的文化、商业模式和系统都经得起时间的考验，让自身得以持续发展。

# 中国民生银行股份有限公司

中国民生银行股份有限公司（简称：民生银行）于1996年1月12日在北京正式成立，是中国首家主要由非公有制企业入股的全国性股份制商业银行，同时又是严格按照《公司法》和《商业银行法》建立的规范的股份制金融企业。民生银行始终坚持“规规矩矩办银行、扎扎实实办银行和开动脑筋办银行”。

2007年，民生银行在中国银行业创新性启动公司业务事业部制改革。2009年，民生银行确定了“做民营企业的银行、小微企业的银行、高端客户的银行”的战略定位，积极推动管理架构、组织体系、业务结构的调整和科技平台的建设，打造“特色银行”和“效益银行”。

2015年，民生银行排名世界1000家大银行第38位，世界500强企业排名第281位，已成为一家在国内外有较大影响力的商业银行。截至2015年末，民生银行新建各类机构988家，全行机构总数达2,806家。

民生银行一直把企业发展与社会责任紧密结合，甄别企业核心优势，辨析社会迫切诉求，把着力服务实体经济发展作为企业的本质责任，不断创新进取，积极创造共享价值。民生银行在我国银行业率先实行事业部改革，创造性地提出“小微金融”的概念，率先开展“小区金融”业务……管理和业务之外，创新也体现在民生银行履行社会责任的方方面面，表现在民生银行履行社会责任的多项行业第一。

早在2007年，民生银行就制定了我国银行业第一本《社会责任管理体系工作手册》，开启履责制度化之路；2008年，成立第一个承诺固定捐赠比例的公益捐赠基金，为持续开展社会责任工作夯实了资源保障；2011年，成立第一个总行层面的“社会责任管理委员会”，又奠定了社会责任工作的组织基础；2012年，民生银行与中国社科院共同建立中国首个企业社会责任MBA和社会责任研究基地……

民生银行始终秉承“服务大众,情系民生”理念，将自身的探索与实践融入国家改革开放战略,成为我国金融业改革和现代商业银行建设的探索者和引领者。它蕴涵着丰富的内涵和外延：“民生服务社会大众；实践情系民生事业；大众情系民生银行”。这个“民”字不仅体现在民营资本的血液，更体现在为广大客户提供的一流产品和卓越服务上，体现在为社会民生尽责出力上。

从率先设立“公益捐赠基金”到成立行业首个社会责任管理委员会，从首创“信息扶贫模式”到设立“教育扶贫基金”，从帮扶创业到志愿服务，从定点扶贫到捐款捐物，从捐助北京炎黄艺术馆到独立运营三家美术馆，从入选上证社会责任指数到加入“联合国全球契约”，从连续八年发布社会责任报告到建立全国首个企业社会责任 MBA 及社会责任研究基地……20 年来，民生银行形成了社会责任的“民生特色”。

# 现代汽车（中国）投资有限公司

现代汽车（中国）投资有限公司【英文名：HYUNDAI MOTOR GROUP (CHINA) LTD.】是由韩国现代自动车株式会社、起亚自动车株式会社、现代摩比斯株式会社三方共同投资成立的中国法人。公司成立于2004年9月22日，全面负责现代汽车集团中国业务。目前现代汽车集团在中国有59家法人企业，在华投资总规模达到137亿美元。

现代汽车（中国）投资有限公司目前在华直接投资的公司有九家，业务范围涵盖零部件生产/销售、汽车电子、二手车、物流等，正在逐步形成完整的产业链条。九家公司分别为：北京岱摩斯变速器有限公司、安克建设（北京）有限公司、北京奥特奥博系统集成有限公司、现代首选二手车经营有限公司、现代派沃泰自动变速箱（山东）有限公司、北京中都格罗唯视物流有限公司、现代汽车研发中心（中国）有限公司、北京现代信息技术有限公司、山东现代威亚汽车模具有限公司。现代汽车（中国）投资有限公司希望通过在中国开拓新的业务领域并且为集团内相关企业提供积极有效的支持，形成更加完整的汽车产业价值链。

现代汽车集团坚持以诚信经营和品质产品为基础，持续扩大生产经营。2015年，现代汽车集团在中国实现年销售量165.6万辆；重庆工厂和沧州工厂投入建设，汽车产能进一步提升。

现代汽车集团为促进中韩合作、扩大交流等方面做出了积极贡献。同时，秉承现代汽车“顾客至上、品质经营”的管理理念，长期以来将在全球各地市场汲取的客户管理经验导入到中国市场；并以现代、起亚进口车和北京现代、东风悦达起亚等合资企业为中心，开发出符合中国市场的车型。同时，在中国市场构筑钢铁、金融、物流、销售、广告、二手车等完整的服务体系，积极为消费者提供便利的服务，保障顾客的利益，让中国顾客真正享受汽车带来的便捷和快乐。

作为一个国际型汽车企业，以实现社会的和谐发展为基础，建立可信赖的合作伙伴关系为主要特性，是现代汽车集团不断前进的意志力的体现。与此同时，集团以诚信经营为基础，深化与合作伙伴的战略合作，促进双方的共同成长，积极为社会创造就业岗位，参与社会贡献活动，与利益相关方“携手共创更好未来”。

# 松下电器（中国）有限公司

松下电器是全球领先的电子产品制造商，主要为住宅空间、非住宅空间、移动领域以及个人领域的用户提供先进的电子技术和系统解决方案。自1918年创立以来，公司业务拓展遍及全球，目前已有近500家子公司分布在世界各地。松下电器致力于打造跨行业、跨领域的核心价值，力争为广大用户创造更美好的生活、更美丽的世界。

松下电器在继承贴近顾客生活的“家电DNA”的同时，从住宅、社会、商务、旅行、汽车多个领域扩展顾客的美好生活。

1978年，时任中国国家领导人邓小平副总理访问日本松下电器，在双方会谈中，创业者松下幸之助先生表达了为中国经济社会发展和人民生活改善做贡献的决心，并于1979年和1980年两次访华。1987年，设立了第一家中国合资企业，从此开启了中国松下事业。发展至今，中国松下的事业活动涉及研究开发、制造、销售、服务、物流等多个方面。如今松下在中国的事业规模日益扩大，已在中国国内拥有近90家公司，员工人数约6 万人。

中国松下一直潜心于研发和制造，致力于为中国消费者提供更好的产品。希望通过这些事业活动，推动中国电子工业发展，丰富和提高人们生活水平，努力成为受中国社会喜爱和信赖的企业。

与此同时，中国松下不忘企业初心，以“企业是社会的公器”的经营理念为指引，积极开展教育支援、环境保护、减少贫困、文化交流和人才培养为主题的社会贡献活动，坚持履行企业社会责任，为社会的发展做贡献。

# 中国兵器工业集团公司

中国兵器工业集团公司是中央管理的国有重要骨干企业，是国家安全和军队装备发展的基础，是国家实施“走出去”战略的支撑和推进军民融合深度发展的主力。

兵器工业是国家安全的战略基础。人民兵工是我党领导和创建的第一个军事工业部门，历经无数战火的砥砺磨炼，成长为今天的高科技国际化兵器工业，并孕育了航空、航天、船舶、电子、核能等新中国的国防科技工业事业，被誉为“工人阶级贡献革命的伟大事业”。中国兵器工业集团公司是我国陆军武器装备研制发展主体和三军毁伤与信息化装备研制发展的骨干力量，以服务国家国防安全和国家经济发展为使命，以提升自主创新能力、提高发展质量、履行社会责任为三大任务，遵循全价值链体系化精益管理战略，坚持技术相关的军民融合发展，坚持政治责任、经济责任与社会责任统筹兼顾，在建设国际一流防务集团和国家重型装备、特种化工、光电信息重要产业基地的实践中，努力建设具有中国特色的先进兵器工业体系！

集团公司总部位于北京，下设52家子集团和直管单位，主要分布在北京、内蒙古、陕西、山西等18个省市自治区，并在全球建立了数十家海外分支机构。截至2015年末，集团公司资产总额3374.4亿元，人员总量26.2万人。自国务院国资委2004年启动中央企业负责人业绩考核工作以来，连续11年获A级中央企业，在《财富》杂志评选的2015年世界500强企业中位列第144位。

# 中国移动通信集团公司

中国移动通信集团公司（简称“中国移动”）于2000年4月20日成立，注册资本3,000亿元人民币，资产规模超过1.6万亿元人民币，基站总数超过260万个，客户总数超过8.3亿户，是全球网络规模、客户规模最大、市值排名领先的电信运营企业。

中国移动全资拥有中国移动（香港）集团有限公司，由其控股的中国移动有限公司（简称“上市公司”）在国内31个省（自治区、直辖市）和香港特别行政区设立全资子公司，并在香港和纽约上市。2016年，中国移动深入贯彻党中央和国务院的总体要求，牢固树立“创新、协调、绿色、开放、共享”的发展理念，准确把握万物互联时代特征，立足当前，布局长远，全面实施“大连接”战略，着力做大连接规模，做优连接服务，做强连接应用，为实现“成为数字化创新的全球领先运营商”的中长期战略愿景而不懈努力。

作为国内电信运营企业中首家编制发布企业社会责任报告的企业，同时也是中央企业中最早关注并实施企业社会责任管理的企业之一,中国移动秉承“正德厚生 臻于至善”的核心价值观，真诚践行“以天下之至诚而尽己之性、尽人之性、尽物之性”的企业责任观，追求企业与利益相关方在经济、社会与环境方面共同可持续发展。中国移动自2007年起成为联合国“全球契约”（UNGC）正式成员，认可并努力遵守全球契约十项原则。

荣誉认可：

连续十一年在国资委中央企业负责人经营业绩考核中获得最高级别——A级；

上市公司连续九年入选道·琼斯可持续发展系列指数（DJSI），并连续七年入选恒生可持续发展指数；

集团公司在《财富》杂志世界500强中最新排名第45位；

上市公司在《福布斯》杂志“全球2,000领先企业榜”排名第18位；

中国移动品牌连续第十一年入选明略行和《金融时报》发布的“BRANDZ♦ 100全球最强势品牌”排名，列全球第15位；

连续六届荣获中国公益慈善领域最高政府奖——“中华慈善奖”；

在中国社会科学院经济学部企业社会责任研究中心发布的在2016年“中国企业社会责任发展指数”中位列第3名，并位列通信服务业第1名；

连续三年获得CDP（中国）授予的“应对气候变化领导力示范企业”称号，是国内首家也是唯一一家进入CDP气候变化最高评级A名单的中国企业；

在国资委举办的中央企业管理提升活动中，被选为企业社会责任管理三家标杆企业之一，并被评为“企业社会责任管理提升先进单位”；

中国移动“农村工程”、“绿色行动计划”、“新农合项目”分别入选哈佛商学院、密歇根大学、克兰菲尔德商学院案例，成为商业价值与社会价值双赢的范例。